奇跡の法力と信仰の原点

これが密教だ

織田隆弘

まえがき

お大師さまといわれ、「生き仏」として拝まれる弘法大師の教えは、今こそ世の多くの人たちに必要だと思います。

昔の人は科学的知識がなかったので、すべての宗教が素直に信じられました。しかし文明、文化がさかんになり、特に物質科学が高度に進歩するようになりますと、なかなか信仰が理解されません。

戦後教育の欠陥のせいで、宗教についても、宗教家の功績についても、全く教えられなくなりました。また、正しい仏教理念も、その重要さも知らない人が多くなりました。

仏教は全く正しく理解されていないのです。そのために邪教が甘い棚ボタ式のご利益や、超能力のトリックを取り込んでいます。

最近では、手の平から出る人体放射線を利用して、さも神の霊の力のように、その力を過信させたり、暗示で潜在意識を引き出したりします。魔力の所現を知らないで、先祖の霊とか、怨霊があるとおどされ、その解決のために入信を迫られるものさえあります。そして、つぎつぎと金を吸いあげられることになり、ついには家庭内の和合を欠いたり、これに迷って熱中し、聖業だと誤信するようになります。そのため家業をおろそかにしたり、勤めも第二となって不信を買っていることが多いようです。

お大師さま、すなわち弘法大師の教えは、決して信者の信仰については強制的なことはしません。それぞれの人のもつ宗教を尊びながら、その教えの中に秘められている大切な救いの泉のあることを教えるのです。

これがマンダラ精神なのです。

昔から真言宗の檀家は少ないが、お大師さまを信仰し、尊敬いたしている人は多く、信者の数は全仏教徒を網羅するほどです。

全国から多くの人たちが高野山の奥の院へ参詣をして、高野山の霊気に打たれて、全身が清められた気持ちになります。

わが家に帰っても、その気持ちを持続することができるのは、平素から大師さまの教えの簡要でも知っておくことによって得られるのです。ご利益を正しくいただくには、よくその教理を心におさめなければなりません。

その教理の要《かなめ》をやさしく述べようと思ったのが本書です。これは私の主宰する密門会の機関誌『多聞』に書いたものですが、本書に収めるに当たり、若干の加筆修整を行ないました。

明るい不幸のない、お互いに楽しみ拝み合える日本になることを祈って書いたものです。

昭和五十五年二月

織田隆弘

目次

●談義本尊中にのこされている弘法大師の画像

(一) 仏教各宗と方便《ほうべん》

日本の仏教は宗派仏教といわれるほど多くの宗旨があります。それぞれ立派な歴史をもち、既成宗団とか、既成宗旨とか呼ばれています。

そして宗旨の論争が昔からあり、特に日蓮宗の法華を第一の真実とする教えは他の宗旨は方便教であると喧伝《けんでん》したものです。今日でも一部の日蓮宗の偏見者や宗派にはまだそれが残っております。

浄土真宗の一部にも、どちらかといいますと、静かな中にも自宗以外の聞法を禁じ、「阿弥陀如来《あみだにょらい》」のほかには真実の仏はないのだと布教した過去があります。

両極端の宗旨から、特に誹謗《ひぼう》されたのは真言密教のようです。真言宗に対しては、禅宗もどちらかというと正しい解釈をしないで、実行が不可能な仏教という感じをもっていたようです。もっとも、禅宗の寺にも、最近では祈祷が行なわれるようになってきましたが、残念ながら雑部《ぞうぶ》密教の祈りのようです。

ようするに、存在を認められていても、密教は方便教といわれていて、いずれは真の仏教がわかると捨てられてしまう方便の教えとされていたのです。

特に、この方便とか真実教というようになったのは、法華経に書かれている次の文章です。

「我れ成道以来未《いま》だ真実を説かず、今涅槃《ねはん》の近きに及んで最後の教えとして真実を説く」

これは日蓮宗でも折伏《しゃくぶく》の意味に最もよく引用されている言葉です。すなわち、今までの説いた教えは、この真実教に導き入れるための方便であると申されたというところからきて、仏教伝道史上多くの仏教徒を迷わせました。

これが法華経の唯一の他宗の折伏の根拠となっているのです。すなわち『法華経』以外のお経は、すべて方便教であり、『法華経』のみが真実教だと考えることになったのです。

今日のように仏教経典の研究が、各宗の大学や、無宗派の公立大学で印度哲学として公平に研究されるようになってから、経典についての常識も養われるようになりました。

そのため、いかなる経典にも流通分といって、この哲理経典を多くの人に読ませるために、このお経に最尊最深の功徳《くどく》があり、救いの道を説いた真実の経であるという意味が書かれていることが、解明されました。

いかなる仏典でも、経典の作者である仏智《ぶっち》を開いたお方が、仏の名のもとに説いたのですが、衆生に読ましめるためにその方法手段として書いたものなのです。『法華経』が真実であり、他の経典が方便教であるとしたことも、『法華経』を広く読ましむるための方便であったのです。

仏教ではこのようなこともあって、方便という言葉が多く使われています。しかし、この方便という言葉は、経典の中では真理を具体的に比喩する意味として使われましたが、この言葉が社会に広まると、嘘も方便となったり、真実でないものを方便とするようになりました。

大切なことは、嘘はあくまで嘘であって、方便とはあくまで正しく、真実に導くものという意味でなければなりません。

そこで、この方便ということは、例えば浄土教では、西方十万億土に極楽世界ありと説くのは方便であるともいわれました。

また真言密教の現世利益の教えは、人間を信仰に導き入れるための方便としてご利益ありといったものであるということになってきたのです。

そのためか、真言宗では現世利益の祈祷寺はごくわずかしかありません。しかも僧侶もこれを行なわなくなっています。今日では有名な歴史がある祈祷寺が行なうくらいで、あとは新興寺院や、新興宗教にそのお株を取られたようなものであります。しかも、それらをみな現世利益の教えは方便であるから、真実の教えではないというのです。

それではいったい密教の現世利益は真実の仏教なのか、方便で悟りの道に入れば不要になるというのか。これは大切なことです。

まず誤解されっぱなしで来たながい歴史を考えて、あらためてその教えの何たるかを掘り起こしてみることにいたします。

方便という語の解釈によく使われる例があります。

月が出たとして月を指さします。指さしたおかげですぐに月を眺めることができます。この時すでに指は不要になります。この指さしを方便というのです。

西方に極楽浄土ありとするのは、悩み多き人びとを救うため、特に今、病苦で助からない人を安心させるためなのです。人はこの世で死んでも、阿弥陀如来《あみだにょらい》の本願を信じると必ず臨終の時に極楽世界に導かれて生まれかわるのだと教えるのです。

それを信じて安心をすれば、西方に浄土がなくても安心できるから救われるのです。これが方便だというのです。

この方便のおかげで人びとは安心できることはよくわかりますが、目的の安心ができてしまえば不要になります。これを仮方便《けほうべん》といいます。

もし、密教の現世利益によって悟りに入れば、現世利益を信用させたことは不要になります。これも一つの仮方便だと考えられてきたものでした。

真言宗は、今やこの宗旨の特徴とした現世利益をあまり積極的には行なわず、各寺院は浄土宗のような形態の儀式をするだけになっています。

現世利益による難病の救済や、商売繁昌の祈りも、開運、災難除けの祈りもそれほど行なわれず、この宗教の習俗になってしまいました。真剣に行なうのは、限られた寺院のみになっているといわれてもやむをえないのが現実であります。

これではあまりに真言密教の教理と目的を知らなすぎる、というよりも誤解もはなはだしいものといわねばなりません。

真言密教の方便は真実方便であります。密教こそこの方便を尊び、しかも永遠の真実体とするものなのです。

まずこのことについて、真言密教の経典である『大日経』に仏の働き、真の目的について教えてあります。それを「三句の法門」といいます。

「菩提心を因とし、大悲を根とし、方便を究竟《くきょう》とす」

この三句の法言の中で、仏様が最も力を入れるのは方便であるということです。これは衆生をいかにして信仰に入れるか、しかも真実に入れる手だてというより、菩提心、大悲をこめて、仏の方より私たちに具体的な行信としてあたえられる方便なのです。

この密教の現世利益が真実方便であることを述べることにします。いろいろな大乗仏教では、「六波羅蜜」、すなわち略して「六度の行」といって、仏道修行に六つの修行があります。

布施《ふせ》　施し供養の行い
持戒《じかい》　行いを正しくする生活上の戒め
忍辱《にんにく》　忍耐練行
精進《しょうじん》　精進努力
禅定《ぜんじょう》　坐禅すなわち心を静寂にする

智慧　悟りの智慧のこと

この六つの目的のために修行することを「六度の行い」といいます。この修行は悟りをえてもえなくても、その修行をまじめに行なっている人は、その行ないそのものが菩薩の行であり、真実であるという意味なのです。これも成仏道の方法であり、真実方便であります。

その大前提に仏の大智大行が、如来加持力という大きな方便の力として流れているのです。このような教えを、真実方便といいます。すなわち成仏道の必要条件であります。

方便についてはもう一つ大切な問題があります。

密教以外の顕教《けんぎょう》の諸宗の中には、現世利益をかなえさせることは誤りであるとして否定する宗旨があります。

人びとがいろいろな苦悩の相談に行っても、人の病気はやむをえないもので、生あるものは必ず死ぬ、病気になるのはあたりまえである、医師の世話になって治らなければ諦める、これより仕方がないと応答するようです。

また、ある宗旨にこうした悩みを持ってゆくと、世間のすべてのことは虚仮《こけ》であり、医師も人間であって全能ではない。薬の効かないのも業《ごう》である。したがって死ぬのを怖れず極楽往生を願うべきである。人間の生命なんて儚《はか》ないものであると言います。

その虚仮で当てにならない医師に治療をもとめていく僧侶の考えが不審に思われます。それはともかくとして、このように人命の有限を自覚し、不慮の死、つまり老幼不定を知るということは、世の悟りの要諦《ようたい》であって、これが仏教の教えの一つなのです。

密教はそれに加えて有限の中に真の価値を掘り出すのです。

ところが顕教では、病人は医師に委せ、死ねば坊さんの役目とします。その中間で大儲けするのが葬儀屋だといわれているのではないでしょうか。

日本は仏教国であるといわれますが、このようなことを取り上げてみると、まったく葬儀屋のお隣りがお寺だといわれるのも無理はありません。こんな状態ですから、戦後新興宗教が大流行したのは当然のことです。

では、これを正すべき密教が知られないのは何故でしょうか？

明治、大正期の仏教界で著名な学者といわれる仏教研究の文学博士の多くは、密教界の出身者でなかったこともこの原因の一つです。

文化の有力な伝達機関としての出版界でも、学者や文化人の交流団体でも、真の密教体現者の参加が少なかったために、密教の何たるかが正しく伝達されなかったのです。

弘法大師をして迷信の本山としか考えていなかったのです。

現世に生きている人たちのいろいろな苦悩の中で、病気だけを考えても、浄土真宗に見られるようにせまい見解です。これでは仏教は現代文明社会に生きている人たちから捨てられてゆく運命であるといわれても仕方がないでしょう。

具体的な救いを求める現代人にこそ、弘法大師の教えが最も相応した、理解されやすい教えであることを明確に伝達すべきです。

　唯物主義に立った、誤った文明に対して、その誤りがどこにあるのかを、観念論ではなく、厳正に主張できるのが密教の教えであり、加持秘法の妙果であるといえるでしょう。

　これまで現世利益は衆生を悟りの道に引き入れるための方便である、すなわち祈る心をもって仏法の悟りの道があることを知らせるための一時の方便である、と説かれてきました。

　現世利益の信仰は、衆生が真実信仰の悟りの教えを知るようになると、不要なものになるものだと考えていたようです。そのため真言宗の僧侶が布教する場合でも、ご祈祷は仮りのもの、仮方便であるといって、ご祈祷を避けて説く人もありますが、これはまだ密教の加持が真実方便であることを知らないためであろうと思います。ようするに密教の加持は成仏道の直道である実践法なのです。

　弘法大師の教えと、その生存中の大きな記録とを見ますと、大師は密教のおごそかで幽玄な道場と壇とを法の通りにととのえて、国家のために修法することが五十一箇度(回)であったといわれています。これは日常の修法のほかの、公式の構えを大きく準備した上で、国家のために行なった大修法なのでした。

このように弘法大師は現世の利益を尊重し、経のとおりに行なわれました。しかもそれらの祈祷は、今日のように一時間や二時間の祈りではなく、一回の祈りは数日とか、三週間とか、数カ月間とかの日時を重ねたものが多かったようです。

こうして大師自ら加持修法を行なわれ、多くの霊験を得て、目的が成就したことが多かったのです。

これは決して仮方便ではなく、加持修法の祈祷そのものが成仏道の慈悲の行であるのですから、修法、加持、すなわち悟りそのものが仏意にかなった真実方便であったのです。

弘法大師が唐から帰朝後の修法は、すでに仏智大悲に立ったところの、現世を密厳浄土とする大菩薩の信行であったのです。修法者としての大師は菩薩としての行為であったということができます。

真言宗は大師の行なわれた業績や史実を宣布するのが目的ではなく、大師の教えを今日に実行することであり、大師と同じ霊験を示すことであるとのことなのです。

弘法大師はあまりにも偉大なお祖師さまなので、つい大師伝がお説教の核心となっているようですが、それでは現代には役に立たないことになります。

私たち末徒でも、行なえばできることを実証するのが、弘法大師の教えの目的なのであります。

古くから弘法大師の教えはむずかしく解釈されたり、「三密の教え」を秘密の教えという形式で伝習したりしたために誤解が多くなりました。そして摩訶不思議な教えということになってしまいました。

弘法大師の偉大さを強調するあまり、すべて教えを行なう者は「生き仏」になるという教えを、「生き仏」とは大師のことで、後の者はただ大師さまを信仰すれば良いのだと誤ってきたのでした。

私は、今日まで弘法大師のご誓願を拝むとともに、大師の主たる教えである神変加持の大悲の易行を、今あらためて悟るべき重大な時期に遭遇していると思うのです。

仏教諸宗

日本の仏教は、一般的に十三宗五十六派といわれています。この十三宗は歴史上いつの時代に誕生し、どうした教義を中心として今日にいたっているか、簡単に解説することにいたします。

(1)奈良仏教――三宗
(2)平安仏教――二宗
(3)鎌倉仏教――七宗
(4)江戸仏教――一宗
以上まとめて十三宗というわけです。

印度で生誕された釈尊の教えが、中国を経て朝鮮半島を渡り、島国日本のすみずみまで伝えられたのです。

近代にはいって、明治時代に政府が「神仏分離令」を発令しましたが、こうした難にも耐え、さらに第二次大戦後の「信教の自由保障」による新興宗教の乱立を迎えても、いぜんとして日本人の精神生活の中心は仏教にありました。

欽明天皇時代の五三八年に百済《くだら》の聖明王が仏像、経典などを日本の朝廷へ献上したのを仏教の正式な伝来としています。

奈良時代の前には、宗派仏教はまだ存在しないで、一部の貴族のあいだで「新来《いまき》の神」として拝まれていました。

㈠奈良仏教

この時代になると、「南都六宗」と呼ばれ

る六つの宗派が中国から伝来しました。

すなわち法相《ほっそう》宗、華厳《けごん》宗、律《りつ》宗、三論《さんろん》宗、倶舎《くしゃ》宗、成実《じょうじつ》宗の六つです。

これらは今日のように本山、末寺、信徒で構成される「宗」とはちがって、一つの「学派」のようなもので、寺院、僧侶など特定の宗派にぞくせず、ほとんど「兼学」でした。

この六宗のなかで、現代まで存在しているのは

華厳宗——東大寺
法相宗——薬師寺や興福寺
律宗——唐招提寺

この三宗です。他の宗派はいずれもこの三宗に吸収されてしまいました。

(二)平安仏教

奈良仏教の六宗は、いずれも当時すでに中国に存在していた宗派が移入されたものでしたが、平安時代になって、新たに日本人の僧侶によって、次の二宗が開創されました。

天台宗——伝教大師によって開創
真言宗——弘法大師によって開創(雑密は別)

この二つの宗が平安時代の約四百年にわたって日本仏教の主流となりました。

(三)鎌倉仏教

平安時代の末期頃から鎌倉時代にかけて、浄土系四宗と、禅系二宗と、日蓮宗の合計七宗が開宗したのです。

(イ)浄土系四宗

融通念仏宗――良忍によって開創
浄土宗――法然によって開創
浄土真宗――親鸞によって開創
時宗――一遍によって開創

(ロ)禅宗二宗
曹洞宗――道元によって開創
臨済宗――栄西によって開創
しかし栄西自身は天台僧として生涯を終わり、また台密一派の派祖ともなっています。

(ハ)日蓮宗――日蓮によって開創

(四)**江戸仏教**

鎌倉以後、室町時代、戦国時代に入っては各宗内部での分派はありましたが、新しい宗派の開宗はありませんでした。

江戸時代に入って、隠元が臨済禅の一支派であった「黄檗宗《おうばく》」を伝えました。

黄檗宗――隠元によって開創

(五)**現代仏教**

(イ)絶対他力の真言密教

なぜ現代仏教として、項を新しく設けるのでしょう。すでに平安仏教の代表として空海の真言宗がありましたが、空海以後は鎌倉仏教の絶対他力易行に対比されて、自力難行と分類されてきました。

しかし、空海の書いたものをよく読めば分りますが、真言密教こそ絶対他力易行であり、また各宗を積極的に包容した、円満にして、しかも活力を失った観念論に終り勝ちな大乗諸宗に再生の活力をあたえる仏教です。

●高野山金剛峯寺の根本大塔

(二) 抜苦与楽の加持法

大師の末徒である私たちの、現代における現世利益の祈りである加持修法が、そのまま成仏道であることは、それが仮の方便ではなく、真実方便であることをしめすものです。

私たちが難病者を救うのは、大日如来の大悲を信じ、持すことを体験する道なのです。「大日如来」とはこの宇宙の生命をいいますが、同時に覚性《かくしょう》を意味することなのです。すなわち悟りの母体の意味です。

たんに宇宙の生命といいますと、反自然の煩悩や造悪も同じように宇宙の生命から発することになり、大日如来が自らこれを造ったことになると解釈することにもなります。

大日如来とは宇宙生命と一体の覚性を意味するのです。単に宇宙の生命とすると、これは印度に仏教が誕生する前の、「梵《ぼん》の思想」と混同されますから、専門的な注意が大切です。

この最も重要なことを知らないで、単に宇宙生命を大日如来としていると、新しい疑似宗教やキリスト教の一派と、ほとんど区別されなくなります。

またこれとは別に、同じ仏教界の中で、密教の名をかりる一部の者が、念力をもって仏力であるとするのは、例えば毛虫がサナギになり、サナギが蝶になるのを密教のシステムと説くような、仏力を動物の本能力と生長経過を密教の発揮と同じくする考え方ですから、外道といわれます。

これは、言いかえれば、悟りに反する魔道に堕するものです。九字を切ったり、呪文を唱え、あるいは印を結んだりの方法によって、悟りがあるとしたり、ご利益が実現するとしたりするのです。

これは弘法大師の正統密教ではありません。

仏像やマンダラ図絵に描かれる多くの仏に、さまざまな印契《いんげい》があっても、その印契から直ちに摩訶不思議な霊験が生まれるということはないのです。

印契によって霊験があるように誇示するのは、奇術師や神霊交流の俗法の行なうものです。

マンダラ図絵で、それぞれの仏の印契がちがうのは、諸仏の区別がしやすいように、印によって私たちが見分けるためなのです。決して霊力とか超能力を出すためのものではないのです。

仏像に印を結んだり、持ち物があったり、動作をしたりするものがあるのは、その仏菩薩の誓願や、仏徳の特徴を表現したものです。

密教のマンダラ（曼荼羅）が多くの変化した尊像を示しているのは、文字に代えて、心の表現を示しているのです。

●高野山金剛峯寺の西塔に安置されている大日如来像

(三) 正しい奇跡（霊験）

仏教の各宗、日本神道、新興宗教と数多くある信仰のなかで、キリスト教や創価学会と、それに似た教義を信じている者以外の人たちは、弘法大師を尊び、敬《うやま》います。無信仰、無宗教の人でも、大師さまには必ず尊敬を払います。

宗派や国境を越えて、特に日中友好の歴史の中で、中国人が無条件に尊敬する日本人は、空海すなわち弘法大師のみです。このことは中国の史実によってもよく知られています。

日本から多くの留学僧が中国に留学し、教えを求めましたが、中国の名僧以上に学才のあった人は弘法大師のほかに知ることはできません。

最近になって、弘法大師の才能、学徳、教育、芸術にみる功績にようやく日本人の目が開かれつつあります。しかし、一時期は他宗の学者によって、迷信の親玉のようにいわれ、大師の教えをよく知らずに、天皇に取り入ったといって批判されました。

それというのも、宗教史上の大師を誤った扱い方をし、偽伝記が出版されたり、勝手な加持祈祷や、その霊験化が偽作され、流布されました、そのために、巷間の奇想天外な外道邪道師が用いる超能力の元祖であるかのように誤解された歴史があったからです。

また別の原因もあります。誤った修験道の行者が、本来修験道の教えをよく勉強しないで、勝手に考えて、邪道化したことです。

一般の人たちはその内容をよく知らないため、形式や姿が同じところから、正師も邪師も区別がつきません。そのため混同されて、真言密教だと解釈してきたものです。

修験道の正道は立派なものですが、昔から人間の弱点を食い物にするため、はじめから悪用する者が後を断ちません。これは深く注意を要することです。

それではここで一般仏教である顕教から、まだ正解されていない弘法大師の教えを述べておきましょう。

まず、弘法大師の教えで、他の仏教者とくらべて特長といえるのは、仏教の悟りというものは、たんに心の転換によって精神上の安定を得るだけではなく、その悟りの智慧が進むと、宇宙の覚性を体験するようになり、その覚性はさまざまな救いの道を見いだすようになる、ということです。

すなわち生と死に悩む人のために、生死解脱の道が説かれるのです。この生死解脱というのは、死の恐怖がなくなること、すなわち死を恐れない安心立命の心境を悟るということです。

この安心立命には、ほかに禅によって到達するとか、阿弥陀如来の西方極楽浄土に往生すると信じることによって、生きている間の悩み苦しみは救われないけれども、臨終の時に阿弥陀如来の来迎をいただいて、その願船に乗って必ず極楽世界に生まれるという安心方法があります。

この場合、一般の仏教徒は欲願を捨て、世間虚仮すなわち、この世に期待すべきものがないというのです。また、仏に求めてはならないということが、禅にしても念仏にしても同じく条件とされます。

ところが、大師の奉ずる大日如来の教えでは、すべての衆生は生まれながらにいろいろな業因によって、それぞれに変わった性質、特長、欠点を有しています。

そして、ほとんどの人は三毒の煩悩（貪瞋痴《とんじんち》）に立った生活をしており、いかに仏が現われても、容易にこの三毒の煩悩を殲滅《せんめつ》することはできません。

しかし、大師は一面にはこの人間の欲望欲心に節度をもたせることによって、すなわち、煩悩があるが故に、社会の発展、宇宙の開発がなされ、文明文化が開かれるのであるといっています。

したがって、問題はその三毒の煩悩をどういう具合に誘導すれば仏国浄土を建設する力になるかということになります。

病気を主題として考えますと、病苦があるがために、生きたいために道の雑草の中に薬が発見されたり、木の実や木の葉が難病の妙薬だったり、あるいは捨てた貝殻の中にたくさんの貴重な栄養分が含まれていて、力の元となる妙薬であることが発見されたりすることになります。

弘法大師は、その『般若心経秘鍵』の中に

「医王の目には途《みち》に触れてみな薬なり、解宝《げほう》の人は礦石を宝と見る。知ると知らざるは何誰《たれ》が罪過ぞ」

と説いておられます。

キリスト教流に言えば、世の中に病もなく、また薬も要らないように人を造ってくれればよかったのです。神の形に似せて人を造った全知全能の神さまも、それまでは考えずに、原罪という禁断の実を造ったのです。一切苦厄の種子をあたえてくれたのは、はなはだ厳しい罰則の所業であったといわなければなりません。

しかしこれは禁断の実を造った神様の責任です。

世の中にはあまりに難病奇病が多く、これほど無駄金と、人力と、物質と税金とを浪費するものはほかにないようです。

●わが国の彩色曼荼羅の最古の遺品といわれる両界曼荼羅

密教のほとけたち

皆さんは両界曼荼羅《まんだら》をごらんになったことがありますか。

京都の東寺霊宝館に行けばいつでも参観できます。東京でもたまに上野の博物館で展示されることがあります。

曼荼羅には、すべての仏、菩薩、明王、諸天が描かれていますが、すべては描ききれるものではありません。

「金剛界曼荼羅」には千八百七十五体、「胎蔵界曼荼羅」には二百体が描かれています。

弘法大師は、密教の教えは奥深くして文字で表現するのは困難であるから、かりに図像で密教の世界をまだ知らない人びとに示すのだと述べています。

それらの仏たちは、その内証誓願を表示した容姿のうえから、次の四つに分けてみることができます。

一　自性法身（じしょうほっしん）
二　他受用法身（たじゅようほっしん）
三　変化法身（へんげほっしん）
四　等流法身（とうるほっしん）

㈠自性法身

悟りそのままに表現された仏さまで、容貌も姿もまことに端正そのものです。主として「如来」と名のつく仏さまです。曼荼羅界の諸尊が生じてくる根源で、大日如来自身が悟りを楽しむことから、自受用法身と言います。

㈡他受用法身

端厳なままでは親しみがうすくなります。そこで優しい慈悲の眼なざしで愛の御手をさしのべられている仏さまのことで、主として「菩薩」と名づけられる仏さまがこれにあたります。

㈢変化法身

いつも柔和な相ばかりしておられると、難化のものはかえって軽侮して仏心よりはなれます。そこでこれらのものに対してはこわいお顔をして相手の我欲を降伏せずにはいられない。「明王《みょうおう》」と呼ばれる仏さまたちです。

㈣等流法身

人間はみな欲があり、欲望と充足と繁栄を求めてやみません。ただし我欲や貪欲は自分を損う煩悩となります。

しかし、密教の解釈では、欲そのものは本来は清浄なのです。そこでこれらの願いをかなえて幸福にしてやろうと現世利益をおもてに示したのが、「天」と「神」と呼ばれる仏たちで、その多くは奇怪な容姿で表現されています。

さて、仏教は今から二千六百余年前に、印度に生まれた釈尊が説かれた宗教です。

釈尊の滅後も原始仏教の時代には、仏陀の像は造られず、かわりに法輪、台座、仏足跡、菩提樹などで表示されていました。

紀元後一世紀頃から大乗仏教がおこり、これにともなって歴史上実在した釈尊が超人格化され、「如来」とされました。

それとともに、薬師、大日、弥陀などの多くの仏を生んでいったのです。

そしてこれらの仏像が礼拝の対象とされるようになりました。

「如来」と「菩薩」は、大乗仏教のなかで発展したのです。三世紀頃に密教が成立するとともにその数が増えたのです。

印度では七世紀に入ると仏教は完全に形式化されて、以後ヒンズー教にその位置をゆずってしまうのです。

その過程においてヒンズー教の諸神が仏教の護法神としてとり入れられたのが「明王」や「天部」の諸尊なのです。

これらの内、一般によく知られている諸尊についてその本誓を探ってみましょう。

—如来—

(一)釈迦如来

仏教の開祖として三十五歳で悟りを開き八十歳で入滅するまでの四十五年間、自らが得た教えを説きつづけた聖者です。

大乗仏教では法身仏《ほっしんぶつ》としての久遠実成《くおんじつじょう》の本仏と議され、密教で、大日如来の化身とされています。

この如来の誓願は、この世で苦しみ悩んでいる人びとを一人のこらず悟りへ導こうとします。すなわち一切衆生の救済にあるのです。

「ご真言」――なうまく、さんまんだ、ぼだなん、ばく。

㈡阿弥陀如来

はるか永遠の過去に、王位を捨てて法蔵という名の出家者となり、永いあいだ修行された結果、悟りを開かれ阿弥陀と呼ばれる如来となった西方浄土の教主です。

この如来は四十八の誓願をたてられましたが、その内の第十八願がもっともよく知られています。

「すべての衆生が浄土に往生することができるまでは、自分だけが悟りに到達しようとは思わない」

というものです。

「ご真言」――おん、あみりた、ていせい、からうん。

㈢薬師如来

お薬師さまの愛称で、現世利益の如来として古くから信仰されていますが、教理的な面から重要な地位をしめしてはおりません。曼荼羅にも描かれてはいません。

この如来は十二大願をたてておられますが、特に病気を除き、不具をいやすことによって人びとを悟りに導くという誓願から、「病気を治してくれる如来」として拝まれるようになりました。

重病で死相があらわれても、その人のため

に如来を礼拝し、四十九遍『薬師如来本願経』を読誦すれば、生きながらえることができると信じられています。続命法の対象として拝まれてきた如来です。

「ご真言」――おん、ころころ、せんだり、まとうぎ、そわか。

四 大日如来

真言密教では、この如来からすべての仏と菩薩が現出すると説かれ、また仏の悟りの内容を図にした曼荼羅のなかで、諸尊を統一する中心仏として描かれています。

金剛界大日は智拳印を結び、智慧の功徳をあらわし、胎蔵界大日は「法界定印」を結び、悟りの最高の境地を象徴しています。

「金剛界大日ご真言」

おん、ばざら、だど、ばん。

「胎蔵界大日ご真言」

おん、あびらうんけん。

―菩薩―

一 観世音菩薩

観音経のなかで観世音菩薩が三十三身をあらわして信者を救済すると説かれており、この仏ほど人びとの現世利益信仰を受けているものはありません。

また、密教の中では、聖観音、千手観音、十一面観音、如意輪観音などさまざまな変化観音を生んでいます。

「聖観音ご真言」

おん、あろりきゃ、そわか。

「十一面観音ご真言」

おん、まか、きゃろにきゃ、そわか。

(二)弥勒《みろく》菩薩

この菩薩は、「未来仏」ともいわれています。釈尊の滅後、五十六億七千万年のあとに、この世に下降して釈迦如来の救済にもれた衆生をことごとく救う仏として信仰されています。

このような誓願をもって、この菩薩も現在は「兜率天《とそってん》」で修行中であると信じられています。弘法大師もご入定のとき、兜率天にのぼり弥勒菩薩のもとで修行すると遺告されたことはよく知られているとおりです。

「ご真言」――おん、まいたれいや、そわか。

(三)地蔵菩薩

この仏はお地蔵様として、私たちの生活のなかで、もっとも親しまれている菩薩です。とくに亡児の冥福を祈る母親がどれほど多いことか。

地蔵という名前は、「地」は万物を生ぜしめ、種子をまけば生長して花を咲かせ結実させるように、偉大なる功力を「蔵」していることに由来しています。

このような功徳をもって、無仏時代、すなわち釈尊滅後、弥勒菩薩が下生するまでのあいだ、六道（地獄、餓鬼、畜生、修羅、人、天）の人たちを教化済度させる菩薩です。

「ご真言」――おん、かかかびさんまえい、そわか。

(四)文殊菩薩

「文殊の智慧」という言葉がありますようにこの菩薩は般若の智慧をつかさどっています。

私たちに智慧を授けてくださる仏として人びとに知られています。

密教系の経典では、頭上の髻の数（一字、五字、七字）による異形があり、子どもをもとめるとか、悪業除滅とかの修法が説かれています。

「ご真言」――おん、あらはしゃのう。

(五)普賢菩薩

この菩薩はその本体法身が虚空に遍在しており、法華行者を守護するとして、平安後期以来、法華信仰によって祈念の対象として信仰されました。

一方、密教における普賢菩薩は、大日如来から直接教えをうけた金剛薩埵と同体とされ、普賢延命法の本尊として信仰されています。

「ご真言」――おん、さんまや、さとばん。

(六)虚空蔵菩薩

この仏は無限の福徳と智慧を蔵し、すべてのものに無量の利益をあたえるとされています。特に智慧の仏として信仰され、弘法大師も虚空蔵求聞持法を修したことはよく知られています。

関西では「十三まいり」といって、十三になった少年少女が盛装して虚空蔵に参詣します。

「ご真言」——なうぼう、あきゃしゃ、ぎゃらばや、おんあり、きゃまりぼり、そわか。


―明王―

㈠不動明王
仏道修行の過程には、さまざまな困難があり、これをのりこえてゆく力をあたえてくれる仏が必要です。

このような意味で忿怒相をあらわした仏たちが「明王」であり、その代表的なのが不動明王なのです。

この仏は大日如来の下僕であり、如来の教えに障害のあるものの命を断つ使命をもっています。火性三昧にあっても、あらゆる罪障を破壊し、動揺しないといいます。

「ご真言」——なうまくさんまんだ、ばざらだん、せんだ、まかろしゃだ、そわたやうんたらた、かんまん。

㈡降三世《ごうさんぜ》明王
五大明王の一尊として、不動明王より以上の忿怒相をあらわして、魔障を降伏させる功徳をもつといわれる仏です。

「ご真言」――おん、そんばにそんば、うん、ばざらうんはった。

㈢烏芻沙摩《うすさま》明王

この明王は不浄をもいとわないで、さまざまな障害をのぞく誓願をもっているとされています。

昔からお産や病気などに願力を発揮したという記録が残っています。また俗信仰では便所を守る仏とされています。

「ご真言」――おん、くろだのう、うん、じゃく。

㈣太元帥《たいげんすい》明王

人間の皮を腰皮とし、どくろや蛇の瓔珞《ようらく》(首飾り)をまとう妖気をただよわした相であらわされています。すべての不浄な悪を焼きつくすという不思議な偉力をもつ明王です。

昔、鎮護国家のため、宮中でこの仏を本尊とする太元帥《たいげんの》法《ほう》がしばしば修せられたといわれています。

「ご真言」――のうぼう、たりつぼりつ、はらぼりつ、しゃきんめいしゃきんめい、たらさんだん、おえんび、そわか。

㈤愛染《あいぜん》明王

不動明王について、よく知られている仏です。愛染とはものごとをむさぼり愛し、それに執われ染まる心の意味です。この明王は愛欲などの煩悩がそのまま仏の心（菩提心）に通ずるものであることを、私たちに教え、内には愛をもって衆生を解脱させる心をもっています。

「ご真言」――おーん、まからぎゃばぞろしゅにしゃ、ばざら、さとば、じゃく、うん、ばん、こく。

―天部―

天部はもともと、異教の神様であったため、仏教では一番格が低くなっています。

しかし、もっとも庶民的であり、私たちの現世利益的な祈願に、霊験あらたかな神々です。これらの諸尊に祈って効験のあった話はよく聞きます。

しかし、供養が不十分であると法罰があたるともいわれています。世の中には「理外の理」というものは実在するものです。

㈠歓喜天（聖天《しょうてん》さま）

この神は、一般には乱暴者の大荒神（男神）に観世音菩薩が女神に化現して、抱きかかえて横暴を鎮めるために交合している双身像であるため、秘仏となっています。

その愛着相から男女相愛、夫婦円満などの功徳をもたらすと信じられています。

ほかの神仏に見はなされた難問題でも、断ちもの、はだし参りを行ない、最高の供物を捧げ、浴油供で熱祷すれば、必ず本願が成就するとされています。

しかし、その後に報謝を怠りますと必ず法罰をこうむるといわれます。信じようと信じまいと不思議にそうなるようです。

「ご真言」――おん、きりく、ぎゃく、うん、そわか。

㈡弁才天

この仏は知恵、福徳をつかさどるのが誓願であり、この仏さまを供養すれば知恵、財福、名声、解脱を得る功徳があるとされています。

「ご真言」――おん、そらそばていえい、そわか。

㈢大黒天

この仏は日本では大国主命《おおくにぬしのみこと》と神仏習合して、もっぱら福の神となっていますが、もともとはインド神話の武神です。

密教では大自在天の化身とされ、施福神として寺院の厨房に祭られています。

「ご真言」――おん、まかきゃらや、そわか。

㈣毘沙門天《びしゃもんてん》

東京の暴走族のなかに、もったいなくも、この仏の名をなのるグループがあります。いつか法罰をこうむるでしょう。この仏さまは四天王のなかの多聞天の別名であり、多くの不幸、禍いにかこまれている私たちの生活から守護してくださっているのです。

「ご真言」――おん、ばいしろまんだや、そわか。

(四) 信仰心とは

宗教といっても、世界には実に多くの教えがあります。特に信仰者の多いのはキリスト教と回教です。仏教もアジアに深くひろまっていましたが、中国や、ベトナム、カンボジャ、ラオスは共産主義に破壊されてしまいました。

特に仏教以外の宗教は、一神教といいまして、唯一の宇宙創造神を崇めています。キリスト教ではゴッドを全知全能の神として信仰の対象としています。その神の子としてキリストを救い主としているのです。

そのキリスト教も数百の教派に分裂して、それぞれの教派が布教伝道をしています。そのいずれも異教を無視して、ほかの宗派の教師にさえ、すなわち仏教寺院の私たちにさえ、その伝道本を売りにきます。その熱意は認めますが、常識では理解しにくいところです。

回教の歴史を読むと、回教徒は排他的であり、それに比べると仏教はひろい慈悲と、「我」の意識はうすいことが感じられます。

こうした点から考えてみますと、こうした一神教の根源は、神の力を信じることにあるのだと思います。それなりの哲理は教えられても、理論が先に立った信仰者では、普通人には考えられない行動をとることもうなずけます。

要するに、宗教のみに生まれる信心の力がそうさせるのです。信心といいましても、仏教のいう信心の内容とは大きな差異があります。

信心も枉《まが》った信心では狂信になります。脳の働きさえおかしくなる危険があることは、仏教経典で強い警告を出しています。

私たちにとって信仰心が大切なことは、今さらいうまでもありません。信心は仏教の救いの要《かなめ》となるものですが、同じ信心でも狂信にならないのは、信じる教えが真実であるからです。

いかに仏教徒であっても、このことを誤ると、本人は信心のつもりでも、危険な結果になります。

仏教にも各宗があります。その教えを大きく二つにわけると、「自力聖道門」と「他力浄土門」です。

聖道門とは、すなわち自力修行門によって禅境にたっして解脱することです。成仏されるほどのすぐれた人たち、三世通観十界照見の仏智を開かれる人は、真に尊く、うらやましいかぎりです。

ところが、このような方は、聖道自力の聖僧がいかに多くても、数えるほどしかおりません。

今日においても、自力の聖者がどこにいらっしゃるか、知らせてくださる人はありません。

真言密教界にこうした人をもとめても、一人として聞くことはないのです。私は世に喧伝《けんでん》される四次元の世界を知りません。現に今、生きている三次元の世界ですら、満足には知りません。

ましてや六次元の世界ということを聞くと、ますます私は盲人同様だと反省し自らの業障のための凡愚さを感じて、懺悔のほかはありません。

大師の著書を拝見しますが、親切にわかりやすく説いた『大日経』の引用にしても、『声字実相義《しょうじじつそうぎ》』『即身成仏義』にしても、ただ信ずるだけです。

理解のおよばぬ凡智ではありますので、教えのように信ずる喜びをいただくだけです。

識界のなかに曼荼羅界のいろいろな仏を感得したこともない自分なのです。

ただ六大法界身の価値を方便をもって開示されたことを信じ、理解しているだけなのです。

観想もおよぶ世界ではありません。もし私が識界や曼荼羅界の照見ができる身であれば、なんとすばらしいことであろうかと思いますが、いかなる魔に魅いられるかもしれない私では、それも危険この上ないことでしょう。

もしも密教者が、聖教のように現実ばなれした、六次元の世界に通達する機(人格者)であれば、まさにその身は生き仏といえる人です。これこそ自力聖道の上根上智のまれに拝まれるすぐれた因縁の生き仏といわれることでしょう。
ところが、私の信じる真言の教えは、そのようなことを教えるものではありません。凡身、すなわちこの身の罪の自覚に目ざめること、そしてこの自力のおよばない者に、絶対慈悲をあたえられているという教えであり、この教えを信じるほかないのです。

迷ったり、病気になったりするのは、人間ならば当然のことです。しかしこの当然のことを変に思って、なんのために自分は苦しみ、不遇に泣くのかと、自分のこの悩みを解決する方策を、ある時は東、ある時は西、または南北にもとめるのです。

迷える自分が、これぞと思う世間の宗教にもとめても得られず、苦しみを重ねているのが人びとの実態です。

さいわいに真言密教の法に縁をいただき、大日如来の方から私たちに向けられている絶対大悲の教えにあうことができると、三世常恒《さんぜじょうごう》（過去、現在、未来は変わらないこと)、不断の理法を聴聞するようになり、信じることを無上の法門として、感謝の生活をいただくことになるのであります。

しかし、それによって私たちの現実生活が、特別に金が湧出したり、また百歳の長寿をたもつことになったり、いつも無病無憂の生活をおくれるようになるものではありません。

現実生活はそれ以前と同じでありますが、しかし、忍耐をよく知り、布施心にみずから楽しみ、悪をおそれて近よらず、働く喜びを知り、そして仏の教えの聴聞を楽しみ、反省力を失なわないようになります。

喜怒あり、哀楽は残りますが、それは他人のためにおこる喜怒哀楽に進展するようになります。

ここでよく信の友のなかに似て非なる者もあることを思い出します。それは要するに菩提心のない、巧妙器用さが人をして信じ込ませ、やがて後には魔性をあらわすことがあるということです。

正しい信を得た者が、教えの裏道を画策することはありえないものであることを想起して、正邪の区別を忘れないことです。

宗派はなぜ分離したか

釈尊が約二千五百余年前に、印度で説かれた仏教の教えが、日本でなぜこのように多くの宗派を生んだのでしょうか。

それは釈尊の「対機説法」の解釈によってわかれたのです。

(1)成仏の時期とその手段

無始の輪廻のくり返しの後に成仏する

——三劫《さんごう》成仏

この身このままで成仏する

——真言宗の即身成仏

来世で浄土に往生する

——浄土宗の往生成仏

こうして成仏の方法の解釈にもいろいろのちがいがあります。

(2)典拠とする経典

仏教には八万四千の法門といわれるくらい多くの聖典があります。また経、律、論という三種類の聖典のなかで、どれを中心とするかによってわかれます。

経→「経宗」

律→「律宗」

論→「論宗」

おなじ経宗であってもどのお経を教義とするかによってもわかれます。

例えば

日蓮宗——法華経

(3)重視する実践項目

仏教は「戒、定、慧」の三学といわれています。このなかのどれを特に実行するかによってわかれます。たとえば禅定を重視するのが禅宗です。

(4)本尊の選択

如来の三身である、法身、報身、応身のどの仏を本尊として立てるかによってちがってきます。

たとえば真言宗は真理の当体である「法身仏」――大日如来を本尊としています。

こうした四点からいろいろと宗派が分離し、十三宗五十六派といった各宗の各派ができたのです。

▲阿《あ》弥《み》陀《だ》如来《にょらい》像《ぞう》

▲普賢《ふげん》菩薩《ぼさつ》像《ぞう》

(五) 一神教の偏執性

一般仏教や密教はキリスト教等一神教からみればいわば無神論にたっています。宗教といっても一神論、多神論、汎神論、無神論とありますが、顕教の立場では、だいたい仏教は無神論です。〝因縁〟という宇宙の理を悟って欲をはなれるところに救いがあると説くのが仏教の根本精神です。

同じ仏教でも密教の場合は、その通りには当然説きますが、汎神論にも関係しているのです。つまりすべてのものが真理のあらわれだというからです。

神という言葉こそ使いませんが、すべてのものは真理のあらわれであり、実在であり、真実を語るものです。こういうふうに説くものですから、これは大乗仏教になります。そして汎神論となるのです。

多神教というのは、日本の神道のように、いろいろの八百万《やおよろず》の神々があるとするものです。日本の神道だけではなく、世界のいたるところの原始宗教というものは、多くの神様を認めております。

　これは人間の自然崇拝からでています。

　風が吹けば風の神様、太陽が照れば太陽の神様、また、月の神様や、大きな木があれば木の神様、さらに火は火の神様、あらゆるものに神秘性を感じるのです。そしてそこに霊がいるというふうに考えるのです。これが多神教です。そして多神教は同時に神霊教となるのです。

　これとは反対に一神教という教えがあります。これが世界宗教で大きな存在になっているキリスト教と回教（イスラム教）の神様です。

　どちらも宇宙というものは、うちの神様によってつくられたものだと、キリスト教はゴッドを主張し、イスラム教はアラーの神を主張します。おたがいにゆずらないのです。そこでいつも神をめぐって戦争がおこります。

　古くは十字軍があります。つまり宗教戦争です。自分の信奉する宗教をもった民族同士が団結して、異教徒に対して烈しい敵対観をもっているのです。

こうした敵対観は長い歴史をもっています。現在でもアラブとイスラエルは対立しているのです。

現代では一神教の鬼子である共産主義が、いわゆる無神論で宗教者とあらそっているのです。

一神教というのは、現代の文明人でさえも、これをまだ固持しています。特にアメリカでは新教と旧教がありますけれど、ともに聖書（バイブル）を基本としています。

キリスト教徒は、大統領宣誓の時も、裁判の証人の時も聖書に誓っているのです。そして聖書を最も重要視するのです。

聖書はこう説いている、聖書にはこう書いてあるといって、すべて聖書をよりどころとしております。そこは新教でも、旧教でも聖書を重要視することには変りないことを物語っております。

こういうところに、私たち仏教徒からみると、非常にかたくななところがあります。

例えば日本の徳川時代における踏絵《ふみえ》です。いわゆる幕府の耶蘇教撲滅政策です。その時、信者たちは踏絵を踏まないで、処刑されました。あの有名な二十六聖人という事蹟が残っています。その信仰が熱烈なものだということはよくわかりますが、もう一つ生命というものの見方や、神というものについて、その本質を知っていないようです。

哲理も真理もなく、ただ神の不思議な力の存在を真理と誤信して、死んでも神の天国に生まれかわると信ずるからなのです。盲信とおなじことでかたくなになりやすいのです。

これはキリスト教だけではありません。仏教でも素人の信仰には同じようなことがあります。

三十三観音、特に第一番の補陀落《ふだらく》山、いわゆる那智山です。即ち観音信仰で、この観音の世界へこれから行くんだということで、舟に乗ってそのまま入水して、帰って来ない、あの平家の有名な公達がいました。こうした生々しい狂信の歴史上の事実は今日でも浄瑠璃《じょうるり》だとか謡曲に残っています。

しかし仏教では信仰のために人の生命をとるということはありません。人の血を流すということは仏教にはありませんでした。これだけはよく覚えておいていただきたいものです。

キリスト教やイスラム教においては、熱烈な信仰のために人の命もとるし、人の血も流すわけです。そこに大きなちがいがあります。

多神教は一番簡単な信仰です。哲学もなにもない、ただ頼みごとをするだけです。それから体をきよめ、心をきよめて真心をもってゆけば、神様はうけてくれるという教えです。

これは単純なようですが、現代とはちがって、昔は人間には理屈なしのすばらしい信仰であった時代があったからだと思います。そのため、昔は神官というものがなく、神官にあたるものは巫女《みこ》といわれる娘さんでした。

純情な乙女には神が乗り移るものであると信じていたのです。

この真心というものを密教の慈雲尊者は「赤き心」といいます。これは菩提心があれば仏がうつるということです。

神がうつるのだということで、清浄いわゆる成仏となるのです。それを守り、悪いことをしない、そういう清浄な生活のできた時代は、やはり神と語る人がいたのだと思います。

ところが、今日では悪党が多いために、神様がなかなかよってこないようです。たくさんの八百万の神様がいてもよってこないのです。かえってつまらない悪霊はよってきますが、善神がよってこないのです。

したがって日本の神社は、いつも清浄ということを考えていなければなりません。

これでわかりますように、汎神論ということは同時に密教の場合、全部を包容しているのです。法身仏である大日如来がわかりますと、この汎神論も一神教も多神教も、すべてを包含できるのです。

それは弘法大師の『十住心論』を読むとよくわかります。

ところがこのことをなかなか承知しないで、わからないのは一神教の信者です。他の信者はだいたい承知することができますが、キリスト教徒はなかなかこれがわからないようです。

絶対にキリスト教以外の宗教にははいらない、他の教えは聞こうともしない、他の神は拝まない、この三ナイ主義なのです。

こうした教えには偏執性があります。偏執というのはかたよった執着です。これが一神教徒に一番強いのです。これが強いほど信心が強いということなのですから、信心と偏執性とは正比例することになります。

しかし仏教では、信心が進むにつれて、こうした偏執性はなくなってきます。反比例することになるのです。

悟りに近づくほど偏執性がなくなってきます。偏執性がなくなるから仏になれるのです。最も偏執の強い権化は悪魔です。迷いの偏執の強いのも悪魔です。おれぐらい正しいものはないと思っているのです。

俺は悪魔だと自覚すれば、悪魔はいないのです。俺ぐらい誠実なものはないんだといって、ほかはみんな嘘だと思っているのが悪魔なのです。

このために、偏執ということを仏教では一番嫌っています。

キリスト教ではなんでも「わが神よ」といって、わが神以外は、ほかには神はいない、あれば全部にせものの悪魔であると断定します。そのためほかの宗教には絶対頭をさげません。

最近では新教の人たちも儀礼上お寺へやってきます。しかし来てもここではやはり拝みませんし、敬礼もしません。

昔は私たち僧侶とは話もしませんでした。それにくらべて最近ではすこしよくなったようです。

ところが私たちは教会に行くと、一応十字架に敬礼をします。たとえ異教であっても、その教えによって、本当の救いではないが、苦悩がある程度救われたとするならば、それはそれだけの価値のあるものです。

儀礼上、帰依ではないが敬礼をする、これが礼儀です。

仏教のなかにも、それに似たのが新興宗教の一部にあります。おなじ仏教でも自分の宗派以外の本尊さまを拝みません。

「あれは悪魔なんだ、邪教なんだ」というわけです。

これはみんな偏執性がつくりだすのです。こうした偏執性のある家は苦悩が多いのです。ある時代は順調であっても、それは本当の正法の世の幸福ではありません。必ず悪因縁がでてきます。

(六) 仏教とキリスト教のちがい

キリスト教のバイブル、すなわち聖書を開きますと、創世記をはじめ、旧約聖書の内容はことごとく奇蹟の記録で、私たち仏教者が読むと啞然としてしまいます。よくも文明国と言われ、先進国と称する国の人々が信じたものであると思わざるをえません。

八十歳の老女が子を産んだとかいうのはご愛嬌としても、キリスト教徒は、大昔の神の全能力を信じるから、その神の教えとして愛を信じ、のちには「神は愛なり」とまで発展するのですが、キリストが行った奇蹟について最もよく信じていることがわかります。

キリストの行った奇蹟には、病人を癒した記録が多く知られております。神の能力を誇示する原因にもなるでしょうが、奇蹟を行使する、神の子キリストの霊徳は、真に深い愛の賜物といってよいでしょう。このキリストの人格、愛の霊徳を敬仰し信ずるのがクリスチャンです。そしてキリストの代役をする誇りをもつのが神父さんです。神父の愛は信者の病魔を救い治すものとするのです。いかに智者を説いても、神父自身が愛に徹しなければ、たんなる理屈屋にすぎません。たくみなお説教も、愛と正義と道徳教を語るにとどまります。このように道徳教の「咄《はな》し家《か》」と化した神父さんが多いのが現状です。

キリスト教徒の思想運動に、左翼化した運動を多くみるのも、富の平等は人間平等、すなわち同じ神の子に差別があってはならないということから出発します。現体制に反対し、革命化をも計ることにあるようです。

これは神秘力を知らず、精神とはようするに考え方の問題だとするからです。こういう考えですと、社会改善はよいのですが、革命まで思うようになり、こうなると、はなはだ危険の多いことになります。むしろ神に全知全能の力があるのなら血を流さず、あるいは破壊なしに、平和のうちに改革が行われるでしょうし、そうでなければ、神の責任を疑うことになってしまいます。神はなにゆえに革命を計らねばならぬほど悪い社会を造ったか？　キリスト教者はよく申します。「戦争の悲惨さ、敗戦国が死傷者を多く出し、財を失った悲しみが大きい原因は人が神の意に反したためである」と。

ここが私たち仏教徒と異なる感じを受けるのです。

キリスト教の信仰目標たるヤーヴェすなわち全知全能の神は、造物主といわれておりますが、この造物主が世界を造り、原人アダムとイヴを神の姿に似せて土で作ったのです。その土にて成った人に、神の息吹を吹き込んで人間となったというのです。神は自由に自らこれを作ったのですが、この二人が神のつくられた男と女であったわけです。残念ながら、神は何の必要のためにか、禁断の実を作っておいたのです。この禁断の実、つまり神の食うべからずとしたものを食べたがゆえに、男は働かねばならず、女はお産して忍ばねばならぬ罰をあたえられたというのです。

このような神話は、仏教の縁起論とは反対の教えになっています。仏教は宇宙創造神を認めませんが、キリスト教では、この宇宙創造神があって、種々様々な超自然的な大奇蹟を説くのです。キリスト自身の行った奇蹟は、唯一の神の子たるキリストゆえに現示されるというのです。これがキリスト教の根本的な考え方でしょう。

したがってキリスト教では自分の外に全知全能の神がある、それは宇宙を創造した唯一神であるとして、他の神を認めず、多くの民族が神として拝む神を神としません。そればかりか、仏教を偶像教とさえいいます。それらの神は魔神とするのです。この点が仏教の無神論と異なります。

仏教はキリスト教的な意味では無神論ともいうべきものですから、奇蹟を求めません（密教は少し事情が違いますが）。とにかくキリスト教とは相反する教えともいうことができるのです。したがって仏教国日本では、奇蹟を行うことと、このキリスト教のような天地創造の神を拝むこと、ひいては奇蹟を行うことを混同してしまい、密教の祈り、加持までも迷信として却《しりぞ》けてきたのです。

事実、顕教の仏教学者は、密教も無神論として成立しているのを認めようとせず、あたかも大日如来の思想は、キリスト教の全知全能の神のごとき見解によるものではないかと誤認しているしまつです。

ゆえに明治、大正の仏教者、昭和の初期においてすら、仏教界では真言密教を仏教のなかの迷信、異端者のように非難した浅薄な学者もあったほどです。

ところが皮肉なもので、真言密教の世界でも、真の阿闍梨《あじゃり》たる者で加持による奇蹟を行う者が少なくなり、祈祷は行われてもまったく儀式化してしまいました。如来の慈悲の表徴としての表現が祈祷法要の儀式になってしまって、実際に目の前に悩む者の苦痛を取り除くような、事実としての加持施法は、高位の僧、大阿闍梨となった者でも行うことがない、それどころか知らないようになったのです。

これはまことに悲しむべきことで、腹立たしくなる現状です。まったく教えを無視した現実が続いてきているのです。ついに密教は、行者の信仰と同様に悟りはなく、また祈りは奇蹟と関係がないものであるかのように考えるのが常識となってきました。

ところで一方では、キリスト教で、イエスの行じた奇蹟を信ずる結果、キリストすなわち救世者はイエスであるといわれたと同様に、密教では大師の伝説が過大創作されて、これを信じることがすなわち密教の信仰であるという、大師信仰が現われてきました。これがわかりやすい、現世利益信仰となったのです。

思うに、キリスト教がキリスト以前の聖書を依り所とするのは、奇想天外な神話を必要とするからです。キリストが神の子であることを意味付けるために必要とするでしょうが、科学的な文明人にはかえって疑問を抱かせているのが実状です。

仏教十三宗の特色

――奈良仏教――

(一)法相宗

法相宗《ほっそう》は唯識論《ゆいしき》を所依《しょえ》の経典とし、万法唯識を伝えるから、別名唯識宗ともいいます。

唯識とは、一切万法は私の心から出たものであり、私の心を離れては一切の存在はないとみる、すなわち認識を通して存在決定する思想です。

その認識作用をなすものに眼・耳・鼻・舌身・意の六識の外に、末那識《まなしき》(自己中心的な自我意識)と阿頼耶識《あらやしき》(心理学でいう潜在意識に似ている全有を認識する根本識)をたてています。

その阿頼耶識(アラヤ識)に我々のなした身・口・意の三業が、経験としていつまでも残ると説きます。

また唯識観法の修業により、成仏すると説く点は、即身成仏を旨とする真言密教とは異なります。さらにもう一つの特徴としては、五性各別(人によって成仏できるものと成仏できないものがある)を説く点も他宗と異なります。

またご本尊は弥勒菩薩を拝むことになっていますが、仏教を学ぶ者は基礎学として、法相唯識を学ぶことになっている点は今日でも変りありません。

(二)華厳宗

『華厳経《けごん》』を所依の経典とするところから この宗名があり、根本として縁起の思想をたて、世界中のあらゆるものが、幾重《いくえ》にも無限に関係しあっていると説く。そしてこれを「事々無礙《じじむげ》」と表現しています。

すなわち部分は全体のなかに全没するがゆえに、部分はそのままで全体であるというのです。

ご本尊は毘盧遮那仏(大日如来のこと)で、弘法大師も一時期東大寺の別当になった経歴もあり、いまも山内に真言院が残っています。

また大師は華厳の教理を、『十住心論』の中で密教の次に位置づけされています。

華厳の学匠としては、華厳と密教教学の融和を提唱した、高弁上人、また中興の祖として有名な栂尾《とがのお》の明慧《みようえ》上人があります。

(三)律宗

律宗《りつ》は純然たる出家仏教で、在家仏教が大勢を占める日本仏教のなかでは、まったく異例の存在です。

律宗は経律論のうち、律を、また戒定慧のうち、戒を中心とするので戒律宗とも呼ばれます。

この宗旨を日本に伝えたのは、唐招提寺の鑑真《がんじん》和上です。

鑑真が十二年の辛苦を経て日本に渡り、東

大寺に入り、ここに戒壇院を建て、日本僧授戒の根本道場とし戒律を指導した話は有名です。

この戒律では、僧侶になる者は二百五十戒を、尼僧は三百四十八戒を守らねばならないことになっています。

律宗は明治の仏教政策により、真言宗に包括されましたが、のちに唐招提寺のみ独立して律宗となり、西大寺派は真言律宗となりました。

なお天台宗には安楽律、浄土宗にも浄土律が残っています。

——平安仏教——

㈣天台宗

天台宗は伝教大師が中国の天台山から、法華円教を伝えられ、そのさい牛頭禅《ごずぜん》、『梵網《ぼんもう》経《きょう》』の菩薩戒、真言密教の法門等をあわせ将来——円・密・禅・戒を兼学する宗旨として日本で開宗され、のちに念仏の法門も加えられました。

しかし法華一乗の教えを根本とし、『法華経』に説かれる法身仏を本体としますが、諸尊はすべてその随縁応現の身として、特定の本尊はありません。

天台寺院の本尊は、阿弥陀仏がもっとも多く、比叡山延暦寺の本尊は薬師如来です。

一方、天台密教（台密）は宗祖にはじまっり慈覚、智証、安然の諸大師によって大成され、俗に台密十三流といわれます。

平安末から鎌倉時代にかけて栄西、道元、親鸞、日蓮等の祖師が、比叡山で修学し、鎌倉新仏教の母胎となりました。

㈤真言宗

真言宗は、中国で密教を学んだ空海が体系化し、日本的展開をなした正純密教でありま す。

顕教と呼ぶそれまでの仏教は、歴史上の実在人物である釈尊の説いた教えですが、密教は真実の仏である大日如来と身心ともに一体となって修行すれば、この身このまま仏となることができるとする「即身成仏」の立場を説いています。

すなわち、手に仏の印を結び、口に真言を唱え、心を仏の悟りの境地におく「三密加持」の実践行です。

加持の即身成仏というのは、真言に象徴されている如来の大悲を、ありがたくそのままいただくことにより、私たちの汚れた三業が仏様の悟りに等しい三密に、自然にかえしめられていくことをいいます。

仏教八万四千の法門といわれるくらい、たくさんの教えがあり、各宗の祖師方はどれが仏陀の本当の教えか、という疑問から出発して自らが選びとった教えを整理して宗派を開かれました。

しかし弘法大師は『十住心論』で説かれたように、第一から第九までの住心を一般仏教にあてはめ、密教を第十住心として、前九住心を包みこんだままそれらを超える「超越内在」の立場、すなわち宗教心の芽ばえ、小乗仏教から大乗仏教へ、そして密教へと発展的に進む過程を示され、密教を最高次元の教えとして位置づけられました。

今日、真言宗は多くの派に分かれ、有名寺院も多いが、高野山の金剛峰寺が代表的なものです。その後覚鑁《かくばん》上人が根来寺に下りて、新義真言宗を開かれましたので、これに対し、弘法大師によるものを古義真言宗と呼んで区別しております。

――鎌倉仏教――

浄土教に三つの宗旨があります。法然上人を祖師とする浄土宗、親鸞聖人の浄土真宗、それから一遍上人の時宗です。さて浄土系三宗といっても、親鸞聖人は法然上人の弟子であり、時宗（遊行派ともいう）も法然の系統です。

㈥浄土宗

法然上人は一切経を五回も読破された方ですが、唐の善導大師が書かれたお経の注釈書のなかの、

「一心に専ら弥陀の名号を念じ、念々に捨てざるもの、是を正定の業と名づく。彼の仏の願に順ずる故に」

という一文に深く感激し「専修念仏」の教えを開かれたのです。

しかし法然上人ご在世の時には、
「念仏すれば極楽に往生する、それは阿弥陀の本願である」
ということで済んでいたのですが、弟子の代になると、救われる「時」の解釈に差がでて、仏陀がさとりを開かれた十劫の昔から我我は救われているとする西山《せいざん》派、一生涯念仏に励まぬと、未来に浄土に往生できないとする鎮西《ちんぜい》派、念仏をとなえさせていただき、本願を信じさせていただくことに救いがあるとする真宗、というふうに領解が分かれたのです。

㈦浄土真宗

よき人法然上人との出会いにより、阿弥陀如来の本願に目覚められた親鸞聖人のご宗旨は、念仏は仏の本願力が私どもの上に現われてくるとき、自らとなえずにはおられなくなる。つまり我々は、念仏において本願の御声を聞くのであると説かれています。

すなわち如来の回向《えこう》に往相《おうそう》と還相《げんそう》の二種があり、ともに人間の自力でなく、如来の回向であるとし、念仏を称えて救いを求めるのではなく、ご本願を信ずることを強調されています。

㈧時宗

一遍上人の教えである時宗は、念仏に統一されております。

つまり三業にまみれた我々も、南無阿弥陀仏の名号を唱え、自らのはからいを捨てて、南無阿弥陀仏になりきるとき、弥陀の光のなかに救いあげられるのであると説かれています。

㈨融通念仏宗

良忍上人が開かれたこの宗旨も、念仏往生を説いているのですが、天台と華厳の考えがかなり入っております。

したがってその説くところは、「そもそも法界の全体は、互いに因となり縁となって連繋している。ゆえに一人の念仏の功徳には、一切人功徳は一人に帰ってくる」とし、ここに「融通念仏宗」の名が由来しています。

㈩日蓮宗

この宗旨は日蓮聖人が、『法華経』の教えにもとづいて開かれたもので、一般にもっぱらお題目「南無妙法蓮華経」の功徳を説く宗派と理解されています。

しかし他方、浄土系宗派が「個の救い」を説いているのに対し「社会・国家の救い」に重点をおいており、その現われを公明党などの活動にみることができます。

またおもしろいことに、日蓮宗で「三大秘法」ということが根本安心となっていますが、これは心に本尊（題目）を念じ、口に題目を唱えます。

そして題目を唱え、この身が本門の戒壇であるというもので、真言密教の三密加持に対比されますが、おそらく台密に由来するものでしょう。

そのほか日蓮宗では祈祷僧を養成しているのも特色の一つです。

——禅三宗——

この宗派は中国で興隆し、流派も多かったのですが、今日臨済、曹洞、黄檗《おうばく》の三宗が伝えられています。

禅といえば、

「不立文字《ふりゅうもんじ》、教外別伝《きょうげべつでん》、直指人心、見性成仏」

といった言葉をよく聞きますが、釈尊の悟りの内容は、言葉でいい表わしえない、坐禅によって追体験（身証）してのみ会得できるということでしょうか。

禅ではまた、密教と同様、伝法伝受を尊び弟子が悟りを開いたと認めれば師匠が「印可」を与えます。

(一)臨済宗

栄西禅師が中国より伝来、鎌倉時代には五山十刹制度ができ、皇室から貴族、そして武士階級のあいだに勢力を伸ばし、有名な禅僧を輩出しました。

その宗風は「公案禅」と呼ばれるもので、白隠禅師の出現によって大成されました。

その説くところは坐禅をとおして自己の脱落安心、本来無一物の正覚を体得するものです。

㈡曹洞宗

開祖は道元禅師となっていますが、曹洞宗を名のるようになったのは、四代目の瑩山紹瑾《えいざんしょうきん》禅師からです。「只管打坐《しかんたざ》」ひたすら坐禅に生き、この坐禅の姿が仏である——即心是仏と観ずることを宗旨としています。

しかし中興瑩山禅師以来、地方に教線を拡げてゆく過程で、真言密教の教義も取り入れており、今日曹洞寺院でも陀羅尼が多く常用され、祈祷も行われています。

㈢黄檗宗

徳川時代、隠元禪師が来朝し、明治維新までは徳川幕府の保護のもとに盛んであったが、今日ではあまり宗勢はふるっていません。

公案からいえば、臨済につながる念仏公案とする由です。

常用経典のなかには密教経典も多用され、また誦経が中国伝来の明音で行われることや、万福寺で在日華僑の法事がよく行われるなど、ちょっと異国的《エキゾティック》な面があります。

(七) 祈りと戦争

日本史のみならず、外国の歴史をみると、戦乱の裏には必ず宗教の祈りがあったことがわかります。日本の場合は、戦う武将が本尊として祈り祀る神はいろいろありました。

同じ神に相対する二人の武将が勝運を祈る場合もありますし、別の神もありました。仏教からみると、まだ煩悩を有しておるところの多神教の神霊ですから、相手を殺生し倒すことのための祈りであり、いわば修羅道の信仰でした。ところが一神教を信ずる者同士の国の戦《いく》さ、あるいは同じ国の中での勝敗を決する武将間の競争に、お互い共通の唯一絶対神に戦勝を祈ることは、信仰のない者でも冷静なる眼からみると、まことに滑稽きわまるものに映ると思います。

絶対愛の主たる全知全能のゴッドに祈りを捧げることはクリスチャンの敬虔な祈りですが、どうも私たち仏教徒からは理解しがたい。とくに異教徒たる私たちには理解できないところの憎しみの心で相手を倒すことを祈るのです。

そのうえ、基督教徒同士でも現に同じ愛の神を祈る英国と、北アイルランドの争いはまさに同じ本尊として信仰する神でも、新旧の違いで和合ができないのです。無信仰な者同士の戦い、争いの乱闘はわからぬでもないが、一神教として、他の宗教を魔物なりとするほど結束が堅いはずであるのに、同じ本尊をいただく信徒が、血を流すどころか、血で血を洗う実体は理解しがたいものです。全能の神はさぞ公平な裁きをしてくださるものと思いますが、どうしてもその結果を知ると、必ずしも公平の結果とみられないこともあるようです。

さて、密教徒とキリスト教徒との戦うときの気持を論じてみれば、案外面白いと思うのです。

このことについて、私が想起するのは、昭和二十一年の敗戦日本の戦災地を巡って、キリスト教の宣伝に青森市へ来たのが、忘れもしない賀川豊彦氏です。のちには小説家として名高い人ですが、キリスト教の指導者でもあることは日本人の多くの人が知っていました。当時、焼失を免れた日蓮宗の蓮華寺で、進駐軍の協力により賀川豊彦先生の大講演会が催されたものです。

当時私たちは、神国日本の自負あるいは仏教文化の日本として、国民各自が自国の文化、歴史、思想を自覚していましたが、神風ならぬ敗戦の現実に、市民も信仰心が動揺していました。

その講演の中で賀川氏は、私の頭に残っている言葉に次のような意味のことを話されました。

「日米の大戦で、日本人もよく戦勝祈願された。天照大神をはじめさまざまな神様や稲荷さんとかは迷信の魔神であるから、そのような神に祈っても勝つはずがなかったのである」と。また、

「米国のクリスチャンは、決して米国を勝たせよ、日本が負けるようには祈らなかった。全知全能の神たるゴッドに対して正義に勝たしめたまえと祈ったから、今度の戦争は米国の正義に勝利をあたえる結果になったのである」

ようするに、正義に戦わせて勝利を得たというのであるから、これを聞いて多くの青森市民はそのように信じ受け取った者もあったようです。

なるほど、敗戦後の当時のすべての新聞はことごとく日本が悪いことばかりして、世界各国に迷惑をかけたとの印象を、強烈に報道していたのですから、青森市民がそのように考えるのも無理もないわけで、賀川豊彦氏の講演はそういう印象を市民に一層焼きつける好機であったのです。まさにキリスト教の宣伝効果は大成功というべきでした。

今日かえりみて、日本は相手国連合軍の物量から兵員、広大な戦場からみて、連合軍とよく戦ったことを知って、みじめさは感じません。彼らの理屈からいえば全能の神が正義の連合国に力を与えたことになるのでしょう。正義をもち出すのは強者が弱者に勝ったといいにくいからだと思います。正義の判定は後日にゆずるとしても、問題は、正義に勝たせる全能の神が、祈りによって力を与えたということです。

およそ仏教の説く如来は、このような俗事の勝敗に力を与えるということは、絶対にありません。如来は明智で私たち凡夫の所行を照覧し、業果の怖るべきことを説き、その宿業に加えて、日夜業を造っている生活を根本から懺悔せよと教えてくださるのです。人間の行為の多くは、エゴたる個我中心の考えに立っているので、戦争も平和も富みも貧しさも、人間が互に我慾我見の執着によって招くとするのです。戦争の勝敗は総力的なもので、団結心と忍耐力と天運があることは否定しません。またこちらが平和の心で対処しても、相手の暴力、強引な侵略のあることを計算されれば、これに対して守るに相応した備えをすることによって、相手に罪を造らせないようにすることも娑婆世界に生きる者として止むなき方程式なのです。

娑婆世界はお互いに業を造り、ひとりの力ではいかんともしがたい大きな共業《ぐうごう》の流れでもあります。娑婆に理想界の法則をそのままもってきても、神ならぬ凡夫たる私たちは、いたずらに混乱するばかりです。仏教はある意味で娑婆世界の事実をありのままみつめ、その事実を通して本当のあり方を知らしめる教えだといえます。自業自得《じごうじとく》が娑婆の大法則なのです。

神の法則で審判する以前に業の力ですでに裁かれています。それを無視するなら、奇蹟を待つ以外にありません。仏教はこの業感を通して、自然に真如の道に導くのです。

本当の正義は私たちにはわからないものです。わが身を深く懺悔するとき、正義たる仏智を知り、さすれば娑婆界における身の処し方が自然に開けてくるのです。この意味を知れば知るほど全智全能の神の教は、私たち仏教徒には理解されないのです。多神教の諸神霊に祈る心は、それなりに次元の低い場で話は聞ける訳です。

(八) 密教の加持禅

これまでの仏教観では、禅宗は知的であり、浄土宗の教えは庶民の仏教であり、真言宗は異質仏教と分類されてきたと思います。

密教の絶対他力の易行道は、浄土宗が教える往生浄土の教理とも異なることがおわかりになったことと思います。

そこで禅の説く自力聖道門とは、どのようにちがうのかという問題がおこります。

仏教はもともと転迷開悟を目的としています。それに達する経路としての境涯を禅境というのです。宗派や経典がいろいろありますが、ことごとくこの菩提の内容である禅境を無視しては得られないものです。

いかに往生浄土を教えの構造としても、結局はその救済の配慮はどこにあるのかといいますと、大衆は多忙で求法聴聞修業の機会をあたえられず、またそのための時間にも恵まれず、また知能もすぐれていない人のために、いかにしたら往生成仏まで必ず通過しなければならない禅境に導けるか、という方便以外にはありません。

よく禅と浄土は正反対の仏教のように解釈されますが、浄土仏教者がこの禅境否定の救いを説くとするならば、これはまったくの外道と断ずるほかないのです。念仏といっても、阿弥陀如来の本願を信じる心を自力にして発し、念仏によって救いが成就する浄土宗と、弥陀の本願力を信受して救われる喜びから感謝の念仏が自然に生ずる浄土真宗の差はあるものの、ようするに念仏により禅境が生まれる経路の差にほかならないのです。

密教の場合は、浄土教のように往生安心のみの教えとちがって、身、口、意の方面から救済を立体的に説きます。

今日の医学との考証からいいましても、身密の坐り方（坐禅）は、まさに生理学的な理にもかなった、腹式呼吸の用い方をあきらかにしめします。

また、禅堂で教えるまえに、呼吸の用い方である数息観、また公案にしても動揺のはげしい心馬を正面から調御する手綱さばきを教えるものです。

意密から説くと、心の用い方を「観」といって、法身如来の六大一体観や、六大無碍すなわち無想観のように、本尊と行者が同体観に心を用いて、邪念がおこらないようにいたします。

さらにまた、口密とは、真言と仏と平等同体であると念じて誦するのであり、これが時には儀式や、修行や、勤行時《ごんぎょう》のような声を発することもあり、また心で誦することになるのです。

このように、如来の大悲加被力を感謝の心で信じ、持つ心境が自然に開けてきます。しかも自らの力ではなく、この信じる心さえも如来からあたえられた信念であり、煩悩のあるままに感謝をしつづけることによって、自然に禅境に入るのです。

禅者は禅境を尊び、修行をして湧きあがる大歓喜にいたり、法界に感謝礼拝するわけです。

昔から禅門には密教をよく学び、知識として吸収されていました。禅師方の提唱や法語の中に密教の説くマンダラ（曼荼羅）の一片を引用する場合がすくなくはありません。

しかし、そうした聖者に近い禅僧も、人間がみんな悩みとする、死の問題については解決しえても、どうしたものか、もう一つの生老病者に対する慈悲心を説かないところが、密教徒には理解しえないところです。自分ひとりが悟りの道をひらき、そこに生きることができても、大衆である娑婆の人たちの生々しい願望に答えをあたえることがないではありませんか。

たびたび述べましたように、密教は死苦を解脱するとともに、この有限の肉体生命も大切にし、人身が仏となるために、仏身に傷がないよう、病気にならないよう努力するだけでなく、病気に泣いている衆生の病気と苦しみをなくし、逆に病苦をもつ出離悟道の最勝道の善縁とするのです。

最近、禅宗の弟子《でし》丸泰仙《まるたいせん》師がフランスにおいて、禅の教風を説き、禅をヨーロッパにひろめていますが、その道念には尊敬を感じています。

現代のフランス人のなかには、ながいあいだのキリスト教の神の信仰にゆきづまり、一方では物質文明に大きな悲哀を感じている人が少なくありません。そのため無神論の禅にもとめる地場が生じたことがよくわかります。

熱心な求道者ほど無執着の空に入る禅にあこがれるし、そのなかから本物の禅者が出現することを期待したいものです。

ただながい歴史のキリスト教の奇蹟の信仰を捨て切ることは、なかなかむずかしいことです。

また、そのなかからいつか因縁があって、大日如来神変加持の禅境を知るにいたる者があれば、必ず真言密教の加持禅がさかんになる時代が来ると期待されてなりません。

曹洞禅や臨済禅にかかわる真言禅は、奇蹟と神の恩寵を生活としてきた習慣の欧米人には、むしろ奇蹟を信ずるだけに注目されると思います。

欧米人には奇蹟ともみえる加持力であるため、真言禅はこれから欧米人にも受け入れられると思います。

一神教に育てられているものの、将来彼らにはいわば無神論に立つ密教というものを理解したいという願望が生まれてくると思います。

仏教といっても日本は宗派仏教なので西欧人をまどわしてしまいます。私は大乗仏教はまさに「妙法真言念仏禅」の体験仏教に帰することを明らかにしました。

そして日本の宗派仏教を越えるだけではなく、世界の一神教をも包容するのです。

唯一神への執着が、結局は、神の宗教であるがゆえに人類の争いを招き、血を流すのです。さらに将来、人類の存亡に関するような大戦の原因となる執着を去るには、密教によってこそなされるのです。

また、彼らが納得するには、神の奇蹟に代わりうる力をもつものでなければなりません。それは、如来の大悲の神変加持力以外にないと思うのです。

しかし、ながい人類の共業《ぐうごう》の業火は、たやすく消しがたいと思われますが、すくなくとも未来において、密教の法宝は人類の共通の宝となるべきことを信じてやまないところです。

(九) 真言密教の再興

日本に仏教が伝来してからの歴史は古く、しかも宗派仏教としての発達は、世界にも類を見ないものです。時代によっていろいろな民衆の要求に応じて、宗派が発生してきたのも自然なことです。

平安時代には、天台、真言の両宗の盛んになる原因がありました。鎌倉仏教は武士と一般民衆という、ことなる思想背景を無視することができないので、禅と浄土に加えて、日蓮の法華宗が出現しなければならない必然性があったといえます。

明治時代になって、廃仏毀釈《はいぶつきしやく》という、国学者を中心とする思いあがった国策によって、封建性の重圧にあえぐ日本全国の民衆は、今まで信仰していたお寺や本尊を破壊され、地方の県令によって一時的にせよ暴圧されました。

こうした暴挙に際しても、西洋にみられるような反撥や大衆行動はほとんどなく、神仏分離もやむを得ないものとした大衆は、黙々と受け入れました。

宗教外の世の中の仕組の革命変化に目も心も奪われたこともありましたが、ある一面では、仏教が平和な心の基礎となった諦観《たいかん》の結果ではないかと思われます。

明治、大正、昭和の仏教界では、密教は、それまでの誤まった教えから派生した俗論同様の禁厭《まじない》、星占い遊びをもって、加持祈祷であると思わせていました。

これに対して本山は邪道をあらためることなく、正意にかなった教学と、実際の救済方法をなにも考求しませんでした。

正純密教を正しく、しかもやさしく解説しなかったために、真の仏教は禅と浄土教であると思いこませてきたのです。

法華経信仰は、戦後は在家仏教として新興宗教の主流となり、急成長しました。これはたしかに驚異的な伸び方でした。

禅や浄土教では現世利益を否定したり、黙視してきました。しかし現世利益を信じ、実際に苦しみに泣いていた大衆にとって、『法華経』の功徳説は、干天に慈雨の思いをしたにちがいありません。

明治維新の時に、真言、天台の密教寺院は神仏分離せしめられました。寺の財産である土地、すなわち寺財は政府に取りあげられ、収入源を封じられてしまいました。

実にぶざまな体たらくで、還俗《げんぞく》をしたり、他宗に変身したり、なかには神官に変身した僧侶さえありました。密教僧侶には、密教上の深い、確固たる信仰も安心もなかったといわれてもやむを得ない状態であったようです。

さらに追い打ちをかけられたもう一つの原因は、西洋医学の伝来でした。西洋医学の制度化によって、激痛の病者は一本のモルヒネ注射によって、一時的にもせよ、苦痛がなくなるのを見て、それまで唯一の頼みとしていたところの加持祈祷にまで不信の念が向けられるようになりました。

それどころか、密教僧自身がすっかり悲観してしまいました。なかにはその幻のような麻酔力を物ともしないだけの、法力のある達人もいましたが、その荒行によって得た法力を尊んでも、後に続いて修行する者は、注射の力にはとてもおよびもつかないものと思ったようです。

密教本来の目的は即身成仏でありましたが、理想のたて前と、実際の本音には差がありすぎたようです。

即身成仏論は別に密教にもとめなくても、各宗がみな成仏道の宗派ですから、それまで各宗が成仏道を説いても、信者が目を密教にだけ向けてきたのは、やはりそれまで他宗では解決してくれなかった、加持祈祷の柱があったからです。

しかし西洋医学によって、民衆の加持祈祷への目が変化したことは見逃せない事実です。そして民衆の常識は、加持祈祷を迷信なりとするようになってしまったのです。

キリスト教の密教の仏像崇拝を迷信であるとする宣伝と、西欧風を文化人の鏡とした明治初期の風潮とで、密教を正しく見る人は皆無の状態になってしまいました。

真言宗の大学にも、官立大学にも密教学の教授はいても、博士号を得たものはおりませんでした。日本ではじめてあたえられたのは、昭和十五年の、高野山大学教授栂尾祥雲《とがのおしょううん》先生でした。他宗では文学博士号を得た人は数え切れないほどいたものでした。

このような結果を招いたのは、ようするに密教の解説が困難であったために、研究論文の提出者も少なく、これを審査する学者もいなかったからです。

こうした時代に、雑部《ぞうぶ》の密教がはなはだしい俗法と混合しても、正純密教は正しい加持の法門を説くことがなく、今日にいたったといえます。

すなわち、弘法大師のあまりにも偉大な人格の歴史のなかから片鱗を切り売りしたり、世にもありがたい大師伝や、非仏教的霊験談や、素人向きの話で寺院も経済優先となり、宗義よりも善男善女の志納金を、何よりの力としました。大寺院は財源を失ったため新しい収入を計ったようです。

今日、正純密教の真髄である加持門をあらためて照見して、密教こそ絶対他力易行に立つことを明らかにし、しかも自力聖道の苦心を忘れないで、人間練成の努力を強調したいのです。

弘法大師の真の即身成仏の道は、同時に当然のこととして現世利益を現出する真理の教えであることを知らしめ、口先の救い、机上論で現実遊離のあやまった仏教から脱皮し、しかも多くの邪説を反省させなければならないのです。

(十) 密教の救い

日本人の現在の医療費は、一人当たり一年間で十万円を要しています。さらにこれは毎年二割ずつ増加しております。五人家族ならば五十万円を捨てていることになります。

それではこれで病気が治るかといいますと、治らないものが多く、手術をして不具者となり、一生涯の療養を必要とする体になって、そのため家庭は暗くなり、不快指数が増加する一方という例がたくさんあります。

人間の小智によって決めた国家の定めが、東洋医学を無視して、西洋医学の側に立つ医師の地位を人間最高の権力者として優遇しています。

極端な言い方をすれば、合法的殺人権をあたえているのです。

そして人間を研究試薬の材料とするような医学を、法律によって堅い権力の城とせしめているのが実態ではないでしょうか。

薬禍の多いことは、目にあまるものがあります。

一例を挙げますと、口から食事することで栄養がとれているものを、点滴によって血管から無理に注入して、かえって内臓諸器官に負担をかけ、みすみす副作用の病気を造って助かるべき病人を悩ませている愚かな医療などが盛んであります。

おまけに、その点滴療法の医療費はうなぎ上りにあがっています。おそらく国や民間企業の財政をおびやかし、増税と同じような保険費の増大を招いていると思われます。

このような愚かさの大きな理由は、医療界に現代西洋医学にまさるものがあっても、直ちに取り上げられないということにあるでしょう。しかし東洋医学には漢方療法や鍼灸術のような立派なものがありますし、薬草の偉大な効果も伝えられております。最近では、こうした偉大な効果を受けたこともなく、これを軽視する勉強不足な人が多い一面もあります。

これまで弘法大師の教えをわかりやすく、誤解されないように正しく語る人は少なく、また実際に、教えのように病苦を三密加持力によって迅速に救った人師も少なかったので、これを利用して新興宗教や邪教の宣伝方法に誘惑される人が多かったのです。

また一面、見逃されない事実は、よく加持祈祷師に救いを求めに行っても効がないのは、すぐに施法して、その験を示す正師が少なかったせいでもあります。たいていの場合、「本尊の霊感によると何カ月先から好転する」とか、「春から夏になれば」とか、「西の方の医師にかかれ」とか、甚だしいのは「水子供養を三百日」とか「先祖供養に数百日を要す」などと言うのがあります。

ひどいのになると、「無縁さまが、家の湯殿の下にあるから良くないのだ」とか、「何代前の先祖は武士であったので、殺生の業がある」とか、あるいは「白馬に乗った武士の霊がみえる」とか、あるいは「水子、又は女の霊とか、先祖に浮かばれない霊がいるから障《さわ》りになっている」などと言うのが多いのではないでしょうか。

その中には捨てがたい教訓もありましょうが、デタラメも多いようです。ほとんど証拠をえられない判断です。

これに対して、真言加持の教法はその障りをいわないで、三密加持の秘法によって解決するのです。すなわち過去の古い霊魂がやたらと病気の原因となっているというのは、その行者に憑依している鬼神や、一種の神霊の魔力が、さも先祖の霊とか、障りの霊が実在するかのように幻影を化現して行者に見せるのもあり、インチキが多いのです。

一方正しい教の通りにしても助からないのは、罪業の解釈というより、宿業を深く感じないという誤りから生まれるのです。

真実、殺生等の怨恨の業因によって病気の原因となっているものは、そうたやすく解決するものではなく、いかに真言加持法をほどこしたといっても、徹底した懺悔と、積徳がなければ解脱させることはむずかしいのです。

したがって、悟りを体得した聖者でもない、疑似宗教の即席教師に障を除くことができるはずはありません。理由のない魔神の障りは、正法によるならばすぐに除けても、根の深い祟りは、原因相応の懺悔と、滅罪法を心からしなければ、いかに宗教といっても外部から払うような考え方では解決できません。それで取り払えるのならば仏教は必要ではありません。釈尊も弘法大師も苦労されなかったでしょう。

仏法に不思議なしという諺があります。仏法とは真理を説き、そして苦悩を解決する教えであり、常に因果の理法を正視する教えであります。

宿業、すなわち因縁には懺悔行が大切です。積極的には、正法に供養し、信仰、奉仕することです。邪教邪師に家産を寄贈しても宿業を増すだけです。せっかくの供養や寄進も、悪法のために協力することは罪悪増大になるだけで、なんの功徳にもなりません。

また医学上の正しい研究開発によって多くの病気はなおりますから、それを霊の障りのみに原因があるとする教えも注意しなければなりません。

(十一) 仏力の偉大さ

仏教以外の宗教では、神の姿とか仏菩薩の霊姿を見るというものがあります。多神教とか神霊教どかいっています。しかし、このような宗教は学問上、天啓教と呼んで、仏教とは区別をしています。これは信仰上注意しなければなりません。

このように霊が見えることと、救済力とは別であることを弘法大師の教えには明確に注意されております。

これは特別な人びとに霊が見えるということは、前にも述べましたように、一種の霊的存在が一種の霊力をもって、仏様らしく幻影をあらわすのです。ただ見えないからといって否定する必要もありませんし、また見えたからといって、実在するということもないのです。

問題となるのは、悟りを忘れて神霊をもとめる執着心が迷いとなることです。ただ真実の心の人には、仏法守護の神霊が、仮に仏の姿をみせて、一つの方向を教える霊示はあることは認めますが、それとこれとを混同してはなりません。

では三密加持力とはどんなものなのでしょうか。

これまではこの三密加持法に難しい解釈をほどこして、その修行方法も多岐多様におよぶものが多くありました。特に数百の印契、すなわち手指で結ぶ印契がありますす。合掌とか蓮華合掌とか、智拳印とか刀印とかがあり、その真言もさまざまです。これには数百の種類があります。

そして観法によって、本尊の三密と衆生の三密と渉入互融するとか、本尊と行者が入我我入すると説きあかされています。ここで問題となるのは、求道者はこの多い印契や真言や観法をみんな習得しなければならないということではなく、一真言、一印、一観法でもよいのです。

むしろ信仰する仏をきめれば、一真言の念誦の方が、信心が成就されやすいのです。実際に体験を論じる場合は、多い印や真言が心を散らせる原因となります。これが密教の難点なのです。

私もこの三密の法は、現代に生きる僧侶として愚鈍の身であるために、他人様の三倍もの修行をしなければ、とてもできるものではないと思ったものです。

弘法大師の教えのなかに入った以上、ただ一心に修行をと、それを座右の銘としてきましたが、実行されませんでした。

まだ私が未熟な時代、東京の住職寺が罹災焼失するまで、三密修行は、行者と本尊の一体観法であると考えていて、三力功徳の功徳文を唱えると、常に自分は本尊と対立していたことが反省されました。

今考えてみますと、外道の念力を仏力だと誤認誤解していたのです。自分の外に仏、菩薩を置いて頼み祈るようでは、正しい霊験は感じることはできません。

もっとも、神霊に対して祈る場合は、自分の外に存在する神霊ですから、あちらから力を賜わるのです。これは他力易行とは別なもので、成仏道ではありません。如来は絶対体ですが、神霊は絶対界から生じた迷を持つからです。

法然上人の説いた絶対他力から考えてみますと、大日如来の仏格こそ、絶対至上の本尊でなければなりません。

一切の諸仏も神霊もみなこの大日如来の外に存在することができないものであることを悟ると、行者自身の力など小さなものです。

すなわち、信者の苦悩救済の願いをかなえてくださるのは、結局如来の外に存在しないのですから、これまでの解釈をすべて忘れて、虚心になって静かに考え味わい、大師の教えのお言葉を、あらためて解することに到着したのです。

それも自ら至ったのではなく、自然にそのように信じ解さざるを得ないようになったのです。

三密とは如来の「身《しん》口《く》意《い》」の三密のことであって、その如来とは、宇宙の本源を呼ぶ言葉なのです。

宇宙の本源を人格的に形容したのが、法身大日如来なのです。

この場合の「身口意」の三密とは何でしょうか。

まず「身密」とは如来の身密ということで、すべての森羅万象は目に見られない世界をふくめて、ことごとく身密なのです。

「口密」とは、宇宙森羅万象の形色と響き音のことで、常に真実を説いているのです。「意密」とは、宇宙の心であり、人の心もおなじように、如来の心に通じるものであるということです。

この三つは常に生命の躍動や、万物の生成、生滅変化の経過をしめし、生命不滅の活動がほどこされているのです。これを縁起といいます。

したがって私たちはこの厳密な現象と、目にみえない世界の働きをよく信じるほかはありません。

知識や学識で認識しようとしても、とても不可能、不可得な実在なのです。

人の目に見える世界を迷いというのは、人間の表面のみの浅い愚かな知識だけをもって、目に見える表面世界のみを存在するものと判断するところに原因があるようです。

大日如来の大悲は、この三密、すなわち三方面によってほどこされ、現出されている大利益にほかならないのです。

私たち人間が、いろいろと苦しみ悩むのは、この大自然の現象にそくした理があるのを悟らないからです。医学もこの生理現象を正しく把握することです。

人間の心は死を怖れますが、そこから安心立命にいたるためには、禅に徹するか、あるいは生者必滅を諦観（ありのままにみる）し、未来の世に幸せを得ると信じて、現在に安心を得る方法が説かれていました。

人間が難病にかかる原因をみますと、貪欲《とんよく》、瞋恚《しんに》、愚痴《ぐち》が健康な人の自律神経の正常な働きを狂わせるからです。迷った心、偏った執着心が因となっているのです。

自律神経は脳中枢神経から末梢神経に命令し、また正しく末梢神経からの報告ともいうべき刺激が脳に受信されるのです。これが狂ってしまうのです。そのため、当然生理機能に故障がおこることになります。

これを知らないで、やれ薬だ、医師だ、レントゲンだ、精密検査だと騒ぎますが、結局のところ、医療診断機器でとられない時は、病気ではないということになってしまいます。

機器の不完全性を知らず過信することが多くあるようです。したがって現代医療は多くの診断が狂っており、医師の尊い経験よりも、不正確な科学的データによりことが決定されるといった大きな危険をふくんだ場合があります。

一つ一つ例をあげるまでもなく、多くの慢性患者は、その原因に腎臓病の関係のあることを知らず、また医師は、今日では完全と考える尿検査の結果、腎臓病にあらずと誤診したり、体内の病細胞が尿に出て排泄されたのを腎臓病と誤り、投薬や注射をしていることは、逆に造病結果を招いているのではないでしょうか。このことに早く気がついてもらいたいものです。

めずらしいことに、私は医師ばかりの集りである、ある学会から講演を依頼され、このことをお話ししたことがあります。

専門家ではない私としては、精一杯に体験を吐露したものでした。霊感とか、瑜伽《ゆが》行の力でなくても、熱心に触診するだけも病源があきらかにわかるということを私は提唱しました。

最近になって、謙虚にそれをもとめる医師もあることは嬉しいことです。

不幸なことに、中には触診もしないで、機器による検査を重視するあまり、レントゲン等で使用する造影剤のために急死する例がすくなくありません。

最近では中国のハリ麻酔の見学研究者もいますが、それよりも大切なのは、いかにして昔のように正しい触診をするかということではないかと思っています。

これも私のこれまでの多くの体験から生まれたことです。

要するに、医師も三密の極意によって、この場合の病源がわかり、したがって適切な療法がわかるはずです。

真言密教では、大日如来と衆生との加持感応によって、すぐに病者を快癒にむかわせることになるのです。

さらにいえば、人は誰でも重い罪業を負っていますから、この点は必ず自ら懺悔をして、しかも私たちの不徳を救われる大日如来の大悲を素直にいただき、感謝する生活が自然にご利益をいただく道であることを忘れてはなりません。

加持力とは病者の生きる力、自然治癒力に直接通じる法でありますから、肉や神経に刺激をあたえて、生理機能を呼ぶより早いことと、根本的な生命力を盛んにすることなのです。したがってこの生命力を直接盛んにできない病状は、他の薬物や、理学的な施術をしても効力の起こらないことは当然の理法ではありませんか。世に迷信多く、正法の師が少ないことは永い歴史の証明するところです。

顕教と密教のちがい

キリスト教や回教にも秘教がありますが、仏教にかぎってみても顕教と密教という二つの側面があります。

浄土宗、禅宗、日蓮宗のほとんどの宗旨宗派は顕教であり、密教といわれるものは真言密教で代表されます。

弘法大師は『弁顕密二教論』のなかで、顕教に対する密教の特色を次のようにあげています。

㈠歴史的に実在した釈尊の説法を顕教といい、真理の仏格化である大日如来の説法が密教である。

㈡悟りの内容について、言語や文字で説明できないとするのが顕教であり、これを象徴を通じて説きうるとするのが密教である。

㈢長い修行を経て成仏が可能になるというのが顕教であり、「三密瑜伽」によって、現世で即身成仏できると説くのが密教である。

㈣顕教より多くの優れた特色をもち、人にはかり知れない利益をあたえるのが密教である。

また、いろいろな経典のなかで非体系的な形で説かれている密教思想を主体として、現世利益のみを求める密教を「雑密」といい、即身成仏を究極の目標として、弘法大師によって体系化された密教を「純密」といいます。

これは伝法資格を有する阿闍梨《あじゃり》から正式に

授けられなければならないのです。

また弘法大師によって伝えられた密教は東寺を根本道場としていたことから「東密」といいます。

一方、最澄が開宗した天台宗は円教（『法華経』の教え）、密教、禅、戒、念仏を兼学する宗派ですが、その中の一部にふくまれている天台密教を「台密」と呼んでいます。

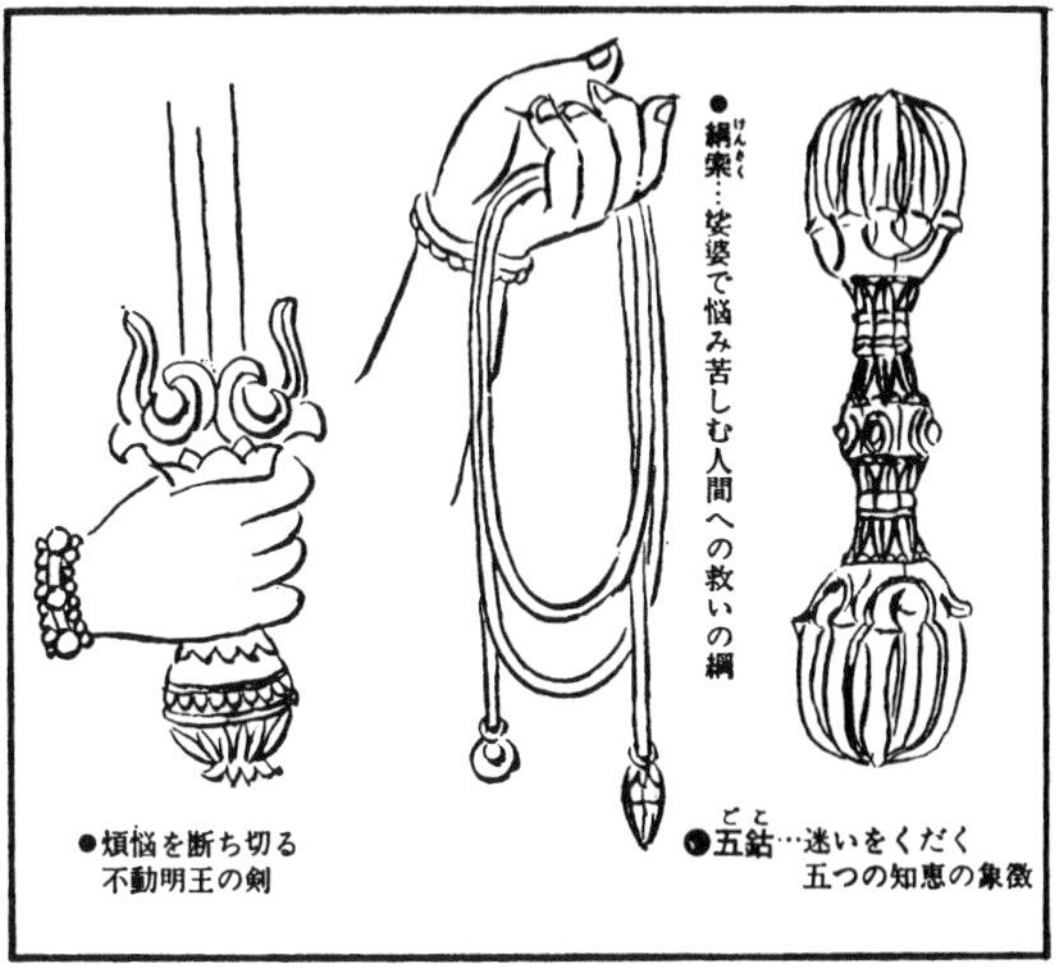

●羂索《けんさく》…娑婆で悩み苦しむ人間への救いの綱

●五鈷《ごこ》…迷いをくだく
五つの知恵の象徴

●煩悩を断ち切る
不動明王の剣

(十三) 即身成仏の教え

弘法大師の教えは、真言宗とも真言密教ともいいます。また祈祷宗、あるいは曼荼羅《まんだら》宗ともいいます。

即身成仏の道を教えるものです。この身がこのままで、普通人を超越した仏力の三密加持によって生ずる智慧と霊徳をあらわすことを言うのです。

この霊徳とは、陰陽師や念力とはまったく異なるものであることを知っておかないと、大変な迷いにおちることになります。よく注意しておいてください。

これまで即身成仏の教えというと、人は不審に思うのです。それは成仏ということの内容を知らないからです。

即身成仏というと、人が金色に変わり、光明をはなち、声も金鈴の発する妙音のようになり、食事もせず、大小便もしないというように考えるところから誤解されてきています。

仏像とは宇宙の覚性を悟った人の姿を、かりに示したものなのです。もともと大日如来には姿も形も決ったものはありません。とすると私たち衆生が心のなかに仏様を想像しようにも、それはできません。

そこで生物のなかで一番進化した人間の身体をモデルとして、人間を理想化し釈尊を考えて金箔をぬり、耳や目を大きくしたのが仏像なのです。

経典にあるように、大日如来は宇宙の生命の本源とか、宇宙の覚性だとか、遍照体なりといっても、私たちには知りがたく、つかみがたいのです。

そこでこの宇宙の尊い真理を体験した人は、普通の人とは似ているが、大差があることを示さなければなりません。

そのために、修行をして悟りの境地に達した人間の姿と、普通の人の姿とを区別するために、手に印契《いんげい》（手指を組む）を示し、さらに頭に仏智を五つに分類した五智宝冠をのせたり、さらに金箔を押して燦然《さんぜん》と輝く皮膚をもつ仏像を案出したわけです。

もともと悟りの世界、浄土に仏様があの姿で坐っているという意味ではありません。

つまり一般人と区別するために、尊信の心を湧き出すための方便として造られたのですが、いずれにしても曼荼羅（仏の誓願の表現法）の心から生まれ、美術的にあらわすために造られたお姿であることは、ぜひ知っておいていただきたいものです。

ところが、多くの人はそこまで考えないで、行者が拝めば、あのような金色の仏があらわれてきて、さまざまなことを霊示するものであろうと想像します。

また、そういうふうに語る宗教屋さんもあります。毎日いそがしい大衆のなかには、いちいち調べず簡単にその通りに信じてきた人も多いことでしょう。

ただし神霊が菩薩、如来の姿で応現することも人格と宗教心の立派な行者にまれに奇跡をしめしたという伝説もあります。しかしそれは求めるべきことではありません。

(十三) おかげをいただく早道

多くの人たちは、大日如来の大悲を受けている身であることを知らないで、医師だ、薬だ、物療法だ、神様だ…といって、あっちの病院、こっちの教団と新しい教えや救いをもとめて迷っています。

しかし、大日如来のほかに真理はあるはずもなく、大日如来の大悲ほど、大きな力を生む神も仏もないのです。

最近では、新しい宗教も宇宙の生命を神として説くものが多くなりました。これは大日如来の覚性、五智を知らずに、名前だけ別のものをつけて本尊とするものというべきものです。

それも、よく密教の教えを体得した人でなければ、結局は一部の創造した形のものにすぎず、したがって、その中味である教理は、はなはだ怪しげなものとなっているのです。

論より証拠で、その新しい「手の平療法的教え」の教典ともいうべき書物を読むと、いわゆる素人だましの、急造諸説を練りまぜ、これをミックスした教えにほかならないものです。仕事師が宗教商となった外道の団体といわれるものが多いようです。

ゆめゆめこんなものに迷わされぬようにしたいものです。

弘法大師は入唐前に、すでに日本に伝来されていたところの経典はことごとく読破されていました。

さらに立派な師がいると知れば、自らたずねて教えを乞われました。しかし大衆が救われる教理がないことを感じ、これではせっかくの仏教も大衆を救うことにならないことに気づきました。

そこで弘法大師は誰でもが早く成仏できる、すなわち難行苦行に泣かないで仏道を歩んでいけることを説いた経典が、ほかにあるのではないかと研究されました。そしてその素晴らしい理想のお経に出会うように祈っておられました。

その祈りによって、遂に『大日経』、すなわち『大毘盧遮那成仏神変加持経《だいびるしゃなじょうぶつじんぺんかじきょう》』を入手して読まれたのです。

それまでにも、ほかの僧も読んでいましたが、むずかしいばかりで、その奥の深い内容までは知りませんでした。弘法大師が目を通して、梵字《ぼんじ》等の不明な点もあったものの、経の大意がわかり、神変加持ということに驚覚《きょうがく》なされたのではないかと拝察されます。

そこで、この教えをさらに学びたく、命がけで入唐して、長安の恵果《けいか》和上の弟子となって教えを受けられたのです。

大師は衆生が誰でも密教の教えを信じれば、真に仏になるということを教えの基本とされました。このことを形にしめしたのが灌頂《かんじょう》といって、信者たちが仏の位にあらためて坐すという儀式なのです。

さて灌頂で仏の位に就いたという形式のみではなにも意味がないといわなければなりません。

ここで私は仏の位を得たということの意味と神秘性とを述べてみたいと思うのです。大切な仏位に入るとは、大日如来の加持力によって衆生が仏になることになるのですか、その意味を、もう少し掘り下げてみましょう。

弘法大師は『大日経』の概説、すなわち『大日経開題』という書物を八本も書かれていますが、これは加持の解釈をいかにすれば、人びとに解りやすく、信じやすくするかのご苦心があったからだと思うのです。

結局、後になって書かれた『即身成仏義』の加持の解説が、最も大師の満足せられた解釈であったということができます。

その『即身成仏義』の中に加持について左の通りの簡要な解説をしておられます。

「加」とは如来の大悲をいふ。

「持」とは衆生の信心をいふ。

まことに簡単な表現ですが、私はこの個所に大師の教えは尽きており、このほかに救われる道はないと思います。この加持によって永遠の安心が生まれ、病はなおり、いろいろの苦悩が消え、豊かさと自然の幸せが開けてゆく、そういう道なのです。難病が救われるのはあたりまえのことです。

大日如来の大悲とは、顕教でいうような単なる概念ではなく、内容の充実した働きのあるものだということです。つまり宇宙の本源である真理、すなわち「如来の大悲」というのです。

大日如来は差別なく衆生に大悲をほどこされています。今日、私たちはお互いに生存して、さまざまなことをして働かせてもらっています。このことは冷厳な事実です。

たとえ病気で苦しんでいても、生きている事実は否定できません。また宇宙の大生命をのぞいては生きられないのです。欲すると欲せざるとにかかわらず、信不信、あるいは惑不惑にかかわらず、私たちは生かされているのです。

自己の生命ははじめから苦しむためのものではないのに、覚性を知らず、人間の迷いから、すなわち貪、瞋、痴の三毒によって自ら、せっかく幸せを招来すべき生活行為を誤って、不幸と病気になるようにしてきたのです。

そういう業果《ごうか》を背おっているのです。そして病苦に泣いて、あちらこちらの宗教を、薬を、療法をと焦り悩むのです。医師からは病源を知らないままに薬剤をあたえられ金を払っています。そしてな治らないといって、また他の医院に求める生活をしています。

これは、みんなが病気が外からくると思い、自らの慚愧を忘れているからなのです。

それはかりではありません。さらに肝腎なことですが、親よりも尊い大日如来の大悲を知らないで、他の微細な神霊や、人体光線教や、念力の奇術師のやる密教術など、疑似宗教に救いをもとめているのが、今の人間の実態です。

新興宗教が掃くほどあるのも、結局そこには真の救いがないと思いながらも、宣伝員の口ぐるまに引きずられてしまって、なお悩み続けているというところではないでしょうか。

これについても弘法大師は、私たち衆生に、瞬時も休みのない大日如来の大悲の生命がほどこされてきたのに、それを無視してきたのが、人びとの真の姿であるぞと警告をしています。

今、ようやく大師の教えに目をさまして、ああもったいない、実に長いあいだ大きな誤りをしておりました、せっかくの大悲の恵みを踏みにじった生活の罪の深さよ、と感じない人には、なんといったらよいでしょうか。

この尊い悟りを得た喜びの瞬間から、ご利益は、求めるまえから、すでにあたえられていたのだと悟るのです。それを受け取らないで、捨て流してふり返りもしないできたことに気がつくと、自分の身の回りのあらゆることが、信心に相応して、新たに感謝してもしきれない幸いとして開けてきます。

別に利益、利益といわなくとも、知らないあいだに自然と利益の海に流れこんでいるのです。

この身このまま加持の成仏の姿なのです。その時の私たちの身体は、一瞬前の迷いの身体とちがって、生命力は無視されることなく、信心と感謝の心で、シッカリいただいて充実した幸せを悟り、自分ほど偉大な富者はなく、私ほど幸せいっぱいのものはない、病いもいずれ解消するのだ、生命力のみなぎった時は、天寿いっぱいで、必ず病いが消える方向に変わるのだ、と悟るべきだと思うのです。貪《むさぼ》り取る心をのぞき、授かった充実した幸せを他人にもほどこす菩提心が自然に湧かなければなりません。

このように信じた時に、永いあいだの煩悩、雑念、妄想、悪縁が自然に消えるのが、真言念誦であります。

この時の真言念誦の心は、感謝の心だけであり、如来の大悲を信じ感謝報恩する心です。私たちの智恵や修行力では、とても大日如来を観見するとか、入我我入するとかいってもできることではありません。

ただ加持、すなわち大悲を信ずるにまさる救いはありません。この時自然に入我我入をしているのです。

結局、さまざまな観法がありますが、弘法大師が手にし、信じ歓喜されたのは『大日経』の加持を発見したからであり、このほかに成仏の近道はないと信じられたのです。これが入我我入とは、忘我のエクスタシーではなく、正しくは衆生が自己の自力を捨て、如来の大悲を感じ、それを信じた時に、仏の大悲が具体的に身心に感応道交して仏恩に五体投地して感謝することなのです。

ただ信ずることのほかに成仏は無く、これを一つ一つ言葉で論ずれば論ずるほど、自我自力心によっての如来は遠くなるのです。

如来の大悲は、病いが重ければ重いほど、大きな恵みがほどこされます。まさに私たちが、難病者、重病者、重傷者を加持する場合に、蘇《そ》生《せい》の力ともいうべき大きな加持力の霊験を、第三者にもよくわかるほどの生命現象として見られることからも知られています。

親鸞の「善人なほもて往生す、いわんや悪人をや」という有名な言葉のように、信心をえた場合は大日如来の救いも、重い悪い病いに、それ相応の大きな大悲がほどこされるのです。

これが弘法大師のお教えであります。この体験から解説した『大日経』の根本説は大師によってはじめてよく解明されたのです。

弘法大師は重ねていっています、「三密加持すれば速疾《そくしつ》に顕《あらわ》る」と……。速疾にあらわれるとは易行なることを意味しますから、まさにこのお言葉は、他のあらゆる仏教、宗教にない具体的力を持った真実を語る聖語であることを知ることです。

ゆえに私は絶対他力と信じております。難行道にどうして速疾成仏がありえましょうか。

その理由は、私のような者の安心信心でも速疾にあらわれるからです。

難病のなかで、癌、腎不全、心不全、糖尿病、肝炎、胆石、腎臓結石、肺壊疽、開放性気管支炎、眼病の諸難疾、視神経障子体混濁、鼻、耳、咽喉、多年の耳鳴り、中耳炎、悪質中耳炎、永年の皮膚病、リュウマチ、神経痛、喘息、胃腸、痔疾の脱肛や悪性の痔瘻、婦人病、小児病は小児癌をはじめ、小児麻痺の早期の場合、小児喘息、重症肝炎、顔面神経麻痺など、すべての現代医学で不明とするもの、治らぬ病悩こそ早期に感応するのを多くしめしてきたからです。最近は悪性脳内腫瘍が短時日に救われています。

私はいつでも医学界、マスコミ界の公正な立ち会いのもとに実習を尊んで、大師の不朽の教えを信じて、現代の科学万能の迷信を打ち破ることに力を惜しまないつもりです。

正しい医学はこの密教の真理を通してこそ、物の価値、功徳が活用されるので、決して非科学を可とするものではない、むしろ現代の唯物科学は、心識と生命と業を忘れた、大きな欠陥の上に立っていることを反省せしめ、必ず科学人も、大日如来の絶対愛のもとに謙虚であるべきことを唱える次第であります。

人間には、それぞれ業により天寿がことなっている事実から、業不滅を痛いほど悟ることになるのです。

娑婆とか浮世の意味は、厳しい短命、定命を悟り、この時こそ無理なき肉体の死と知らされるのです。

最近、私の行なっている事実と、密教の正しい教えを受法された、ある医学博士はついに十二年間の医科学研究所生活からはなれて、新しい信念にもとづき、薬禍を招く化学薬を使用しないで治療する診療所を開設しました。密教と真の医学の実践者が生まれたのです。必ず多くの貴重な実例が生まれることと期待しております。

(十四) 家庭での三密信仰

仏様、すなわち大日如来とは宇宙自然のありのままの実相にほかならないことを、これまで申し述べました。

しかし私たち人間は宇宙自然を見ることはできません。森羅万象とはいっても人の目に見える世界はきわめて限られています。

むしろ目に見えない世界の方が、無限の倍率で実在するのです。私たちには地球上の、それもごく一部分、日本の中のそれぞれの住居する世界しか知ることはできません。

しかし、その中にあっても全体に通じるところの自然の変化流転や、諸々の関連や助け合いの働きのある自然の法を悟ることができます。つまり見える世界において、見えない世界を知る、これを六大無礙《むげ》とも、瑜伽《ゆが》ともいいます。

この自然の法こそ、絶対の仏智と偉力を備えているものです。いかに人がたくみに加工したものでも、結局は自然法爾の力にはおよぶものではありません。

意密は大日如来から賜った大悲を深く信じる心を持つことですが、110頁に申しましたように三密行をすると、頭脳の自然智が開けて悟りへの道がひらけます。難病も次第に解消しはじめます。さらに苦痛は去り、だんだんと心身の調和が円満になって、すばらしい力がみなぎり天寿をまっとうすることができます。

これがすなわち、最初に私が言いたかったところの「即身成仏」という「生き仏」であって、その時に、ほかの病者が拝むと、霊感にうたれて、快癒するほどです。

死んだ偉人の霊を神としてもとめるにはおよびません。

それよりも、生き仏は必ず、すぐに霊験をしめすのです。時に私に敬礼した人が霊感を受けて、歯痛が止まったとか、かすんでいた目が明るくなったとか、腰が楽になったという人がいても、「なるほど」と思うのです。

正純密教は「生き仏」の教えなのです。誰でも行えば成る教法です。

ですから三密をいただいた聖人を拝めば誰でもが感ずるのがあたりまえの現象なのです。弘法大師を拝むというのも、現に私たちを救おうとして働いている如来の加持力に帰依ずることで、個人を通して仏法の大海に入ることなのです。

つまり真理を体得した個人のなかに偉大な仏力を知るのであり、個人崇拝ではありません。

ただ儀式や、外面を飾る形だけの法衣や、僧の位だけの名僧や、位僧、政僧ではなく、俗人でも、三密加持を体得した人を拝めば、ご感応は現われてくるのです。

弘法大師は、この「生き仏」の第一人者として、日本に出現されたお方なのです。そして、その教えは私たち末徒に、必ず「自分のようになれる」と教えているのです。このようになる人こそ、報恩行の唯一の実行者といわれるのです。

弘法大師の教えは、「自分を拝め、自分に頼め」とはいっていません。むしろ積極的に、みんなが「自分のようになれ」といっているのです。

弘法大師は、「わが生前の形容を見、教えを聞き、実修する時は、肉身のわれが加持した時と同じなのだ」といっています。

また、大師の誓願に仕え、協力する守護の神霊も、大師に代って利益をあたえられるのです。

こうした、人間が自らあたえられている智徳の能力を発揮させるには、自然の姿勢で坐ることです。

たとえば妊婦が静座する時は、背腰、頸頭を真直ぐにすることです。坐禅の姿がそれにあたります。そして自然の語、すなわち仏音が真言であり、それを誦することが大切です。

その真言を誦するのは高声から中声、さらに低声となり、微声となり、黙声となり、心誦となるのです。

長いあいだの発声は疲れますから、また声がかれないように、自然にするように円熟するのを尊びます。

意密である心のもちい方は、人は自ら生きるにあらず、いつも大日如来の加持力で、生かされ続けていることをありがたく、感謝することです。

これを整理しますと、

身密とは坐禅の姿で坐することです。

語密（口密）とは大日如来の真言である「オン・アビラウンケン」を唱えることです。すなわち、この教えは千二百年たっても間違いがありません。

今日、全国から高野山の奥の院へお礼にまいり、弘法大師を礼拝する人びとの香煙は絶えることがありません。

奥の院の霊域に「光明真言百万遍成満」の石碑を見ます。これはどういうことでしょうか。

よく光明真言の功徳を信じ、唱える人たちが、病者の頭の上に手を向けると、直接触れなくても、光明が手の先から放射されるという信念をもって続けていると、必ず多くの病気は治ります。

その時、障りの霊などを考えると、魔事を生じて、ほんとうに障霊があるように思わせる動作をする潜在意識を作り、やがてこれが表面に現われます。これは注意しなければなりません。

しかし、一切が空と光明三昧によって、かりに霊の障りがあっても成仏するのです。光明真言の功徳は、如来の光明体になりきることによって、仏智が開けることを信じて行ずることです。これにより精霊の菩提となり、また病気もなおす功徳力も身につきます。

この意味で私たちが自ら成仏道を信持してこそ、安全に人助けができるのです。自ら行なわないで、お話しのみの仏教者には、この内容は理解することが難かしいと思います。

(㐧) 誰でもできる実習方法

仏の弟子として、宗派を問わず、大切な実行方法は、まず第一に懺悔滅罪の信心であります。

つぎに十善戒を守ること、つぎに大切な約束は三昧耶戒です。すなわち仏の心になる戒です。よく真言を誦して、心は大日如来の大悲を信じ身体の安定方法に、静座または半跏座をもってすることとです。

こうして坐って行なう行を一坐といいます。坐る場所は仏壇の前でもよいし、それがなければ壁に対してもよいのです。

大日如来のお姿やお札の前なら一番よいのです。こうして菩薩の心をもって人類福祉のために努力することであります。

第三に菩提心をおこすこと、すなわち仏教精神をよく勉強して、世に広めるということを第一目標とし、そのためには自分自身も家族も健康で、生業が順調で、社会に貢献できることを生き甲斐とすることを祈誓することです。「オンアビラウンケン」という言葉は、大日如来の真言であって、これは朝夕の勤行では必ず唱えなければなりません。これを真言行といいます。

真言は電車の中でも、仕事のあい間にでも、時と所を問わず念誦したいものです。

一坐で少くとも千返は誦したいものです。

（勤行次第）

一　懺悔文《さんげもん》　七返〜二十一返

一　三帰《き》　三返

一　三竟《きょう》　三返

一　十善戒　三返

一　発菩提心《ほつぼだいしん》真言　三返

一　三昧耶戒真言　三返

一　願意祈念
一　心経　一巻
一　オンアビラウンケン　千返〜三千返
この勤行次第は、なんの仏、菩薩、諸天、あるいは光明真言法を行なうにも、その基本となる日課の実行方法です。

実習の仕方

まずご仏前に線香、灯明、花などをお供えし、清らかな手で合掌礼拝し、次のような順序でお唱えします。

㈠礼拝三返

㈠懺悔《さんげ》文《もん》（七返から二十一返）

我昔所造諸悪業
皆由無始貪瞋癡
従身語意之所生
一切我今皆懺悔

㈠三帰《さんき》（三返）

弟子某甲　尽未来際
帰依仏、帰依法、帰依僧

㈠三竟《きょう》（三返）

弟子某甲　尽未来際
帰依仏竟　帰依法竟
帰依僧竟

㈠十善戒（三返）

弟子某甲　尽未来際
不殺生　不偸盗
不邪淫　不妄語
不綺語　不悪口
不両舌　不慳貪
不瞋恚　不邪見

㈠発菩《ほつぼ》提心《だいしん》真言（一返）

おんぼうじしった

ぼだはだやみ

㈠三昧耶戒真言（三返）

おんさんまやさとばん

㈠願意祈念

㈠舎利礼文、または般若心経（一返）

一心頂礼　万徳円満　釈迦如来
真身舎利　本地法身　法界塔婆
我等礼敬　為我現身　入我我入
仏加持故　我証菩提　以仏神力
利益衆生　発菩提心　修菩薩行
同入円寂　平等大智　今将頂礼

㈠大日如来真言（千返以上）

おん、あびらうんけん

時間の無い場合は、大日如来真言は、七返にして終了し、自分の都合のよい場所、時間に残りの九百九十三返に行じてください。

なれてきますと経文もすらすらと唱えられ、五体投地の礼拝も早く行えるようになりますが、はじめのうちは膝も痛くなり百回礼拝するのに一時間余を要します

老人や病弱の人の場合は、毎回立つことなく立膝の姿勢から両手を床につけて礼拝する「蹲居《そんきょ》の法」でも誠意をもって行えばこの方法でもよいのです。

僧侶の修行の場合は日に三回、百返ずつ懺悔礼拝を行うように課せられています。

(十六) 易行真言道

身口意《しんくい》の三密とは何か。身密は半跏座《はんかざ》をして法界定印《ほっかいじょういん》の姿をとること。口密（語密）とは如来の救世者たる真言を誦すること。意密とは自然法爾《じねんほうに》に通ずる心、すなわち如来のあたえている大悲を信じる心、しかもこの心も如来からあたえられた信心であるとの意味です。

これが最も正しい基本となる三密の教えです。

如来の身口意を三密といい、衆生の身口意を三業というのです。衆生の三業を如来の三密に渉入させるのが修行であるといいますが、この意味は、衆生の三業を捨てて、如来のあたえた三密を素直にいただくことが、三密渉入する成仏の早道だということです。

実は三業も三密の中から煩悩により生じたものなのですから、この理を悟るのを三業を捨てるということになるのです。すなわち自力を放下するということは自己を空にすることとなり、直ちに仏にまかせることとなのです。

仏教の根本哲学は、無我になることである、その無我の心境に導くのがいろいろの経典の苦心した内容なのです。

法然上人、親鸞聖人の苦心はよくわかりますが、方便にしても西方に浄土を建てたことは、現代には通用しがたい無理を感じます。

密教は弘法大師によって、すでに絶対他力の意が説かれておりますが、表面の気持ちとしては、大師以前の各宗の修行精進の心をもって組み立ててありますがいよいよ真言念誦に立った時は、絶対他力による瑜伽現成《ゆがげんじよう》であったのです。

法然、親鸞も、聖道自力の修行を、二十年余も真剣に苦修練行されたので、最後の他力の理に、すみやかに入ることができたのです。

法然、親鸞の後、修行を知らない末徒たちに、多くの誤りをみるのは、自力修行の体験がなく、概念として自力をはじめから否定するからです。

この意味でも弘法大師の教えと実践法は、実に無理のない順序をもってうち立てであります。しかも神秘を生じるのもあたりまえとしたものです。

上根は釈尊の六神通力の仏徳にも明らかです。

下根の私たちの三密加持力の現証は、現代においても、いよいよ光を放つことが、多くの人たちの目で認められ、体験できると思います。

真言宗では、その根本教理に三種の成仏を説いています。ようするに衆生本来仏なりといいます。これは禅宗でも同じようにいっています。

衆生本来仏であることを、理の上の仏であるとするのです。一体誰が、何者が仏にしたのかをさがすと、要するに大日如来によって加持されているからです。

すなわち、大日如来は、すべての人たちを加持してくださっているのです。否定のできない絶対他力である加持によって、仏になっているために、衆生本来仏といえるのです。

これを私たちは知らないで、自力で仏になるのだと誤解していては、とても救われることはないでしょう。

密教の教えにあって、今日あらためて発心をして、如来からあたえられた三密加持を受け、これを信じ、自我の三業を捨てて、大悲を信じ、これを持して離さないことを、信仰の要とすることが大切なのです。

三密の易行道として、絶対他力の救いは、高野山では鎌倉時代に、阿弥陀如来の真言念仏として盛んな時がありましたが、その教理は難解であり、易行道《いぎょう》、頓証往生の念仏といっても、実際には困難な観念の念仏であったようです。

したがってこの高野山の念仏は、後にひろまらず間もなく絶えたのは当然と思われます。

大日如来の加持の教えこそ、今日、真実を説く他力易行であり、絶対他力の救いといってよいものです。

ここで浄土真宗の親鸞聖人の教えと対照的にことなる点は、真宗は現世利益を否定する立場から発達した教えであり、これに反して、密教は現世利益を認めてこれまでの現世利益を仮方便としたものを根底から見直しました。

誓願こそ、如来からたまわる尊い成仏道の要諦からでた、真実方便であると積極的に見る点こそ、密教の特色といえるものです。

同じ絶対他力でも、決して平素の生活に、鍛練、精進、努力を否定するものではなく、実際に信行実修上の根本とされる精神の実相を、絶対他力の信仰によって救われ、法悦歓喜をいただくことを説いているのです。

真宗では、十九の願、二十の願を難行として精進努力を否定的に見ています。弘法大師のしめされた、「三密加持すれば、速疾にあらわる」という文章は、難行自力では速疾にあらわれるとは考えられません。

このために、これまで真言宗では絶対他力という言葉をもちいませんでしたが加持を深く追究してみるならば、むしろ密教にこそ絶対他力の根拠があると信じないわけにはいかないのです。

(七) 奇跡の母体

顕教では、人間は地・水・火・風の四大からなっているとされています。このため、昔は人が死ぬと、その通知状や死亡広告に「四大不調にして逝去しました」と書かれたものです。

これが密教では六大縁起からなるとされます。

人間はもちろんのこと、宇宙は六大によって成り、これが種々様々に変化して生成発展し、あるいは生滅変化をしめしています。その本源は不生不滅、不増不減であると教えているのです。

そして、目や手に触れたり、機器によって測定できないものも含むのであってその未知の世界の方が、人智で知られた世界とは比べものにならないほど広大なものであるといわれています。

特に、この六大のなかで注目しておきたいのですが、物質的存在価値では知ることのできない、心の世界、精神界を、総括して識界とも識大とも呼ぶことです。

五大は、地水火風空の五つで、それに識大をくわえて、あわせて六大といいますが、もともと同じものなのです。

六大縁起とは、宇宙の実在を六つの「はたらき」変化、すなわち六つの価値に分離することをいうのです。社会において、五大を物質の実体とすれば、どうしても満足にいかないのですが、この六大、すなわち識大の価値を知ることによって、一切が円満な解釈ができるのです。

たとえば、具体的に目に見えない、真理哲理とか、宗教とか、神とか、霊の存在は五大の物質的説明だけでは解明できません。

せいぜい、医学上大脳皮質の刺激による脳の幻影とか、幻聴とか、異常心理の存在と呼んでいるにすぎないのです。

人間は死ぬと灰になると断定して、そこに何ら疑問も不安も感じないのと同じように、これでは人の迷いも、悩みも解決はできません。

したがって、仏教界のなかでも唯物的な考えにのみ偏して、心とは人間の脳の思考にすぎないとしたり、業とは思想であると解釈する人もいるようです。仏教学者でも、この心の本源を解釈するのには、概念思考だけでは説明はたりません。心識の本源も物質の本源も同じものです。もちろん、大脳皮質の刺激による幻影は悟りではなく、迷いなのです。

弘法大師はこの識大を重大に考えられました。識とは因位の呼び方で、識があるから悟りにいたるとおっしゃっています。

大師の『秘蔵記』にある、眼がつぶれても、心眼をもって見ることができるのかという問答から、眼・耳・鼻・舌・身の五根の根源には、識大の働き、すなわち心の動きがあることが教えられます。

したがって、業というのは過去の思い出や、概念ではなく、はじめのない過去から流転して、今生きて悩んでいる現行そのものなのです。

密教はこの業を懺悔によって消そうとするだけではなく、大日如来に渉入することによって、如来の仏力に変現せしめる力と化することになるのです。
仏業に私たちの宿業が吸収されます。これが神変加持の一面なのです。
今、簡単に六大を五輪塔によって図示してみます。(一六一頁)
この五輪の全体に識大が入っているのです。また識大の中に前五大が入ってお
り、形や色が無いので、六輪ではなく、五輪として経典に表現されてきたのです。
昔の人は五輪の意味を理解することがむずかしく、多くのお墓に供養塔(卒塔
婆)として残されてきました。五輪塔の功徳の大きいことは、これが大日如来の
働きと価値と徳を分類した表現であるためです。それだけ尊い表現なのです。
こうしたことから色(物質)即是空、空即是色の『般若心経』が生まれました。
これを知る智を般若というのです。
六大は渾然と一体になっていますから、空とも、真如ともいいます。
弘法大師は「六大無碍にして常に瑜伽なり」といっています。すなわち無限の
宝珠体という意味なのです。

天台宗の一念三千も法華宗の久遠実成の釈迦も、『妙法蓮華経』も、みなこの六大の中からでてきます。それらが生まれ出る根拠なのです。

色即是空、空即是色、空即妙有の禅語も、『般若心経』がわかりやすくいうように宇宙一杯の仏の意《こころ》なのです。

六大は分析できるものではなく、元素とするものでもありません。宇宙の働き価値観に分類される最高の分類方法なのです。

したがって、私と他人や世界の関係でみても、深く六大をもってすれば、みな感応して一体であり、いわゆる空間と時間の相異はないのです。常にはじめから一体なのです。

人はどうしても肉眼で見えた時に分断をして、自分とか他人とか、こちらとあちらとか、中間とかいって、空間や距離を考えます。

したがって、我見我欲我執が強くなって、本来あたえられている仏徳を捨て忘れ、迷いに迷いを重ねています。

前にも述べましたように、加持とはもともと一体なのですが、迷った衆生の方から考えて、衆生と如来、本尊と行者といった対立観で苦心をしているのが実態であります。

この対立観があるうちは、即身成仏も、往生浄土もなりません。如来の大悲を衆生が信じ持つことによって成仏できるのです。

もともと大日如来から仏であるぞと印可されているのを知らないで、常に自分は仏と対立している迷える凡夫であって、とても仏になる智慧も徳もないから、仏法に相応しない、ご利益も如来からいただくことはできないものと妄見しているのです。だからこそ低級なトリックや、各地の旅館を根城とする広告密教やまじないや、香具師密教の「カリキュラム」を超能力だ、真実だと誤信し、ますます迷信に深まることになるのです。

このようにして、この六大縁起の意味がわかると、神霊も、仏教以外の全世界の宗教も、実にさまざまな存在があることがわかるとともに、その教の正邪が理解できるのです。
そしてその宗教や、神や、霊的存在には、正しいもの、高尚な理想に立つものあるいは不正、偏見、迷信性をふくむ邪神や邪霊もありうることに気がつくのです。

そこで大師の教えには、仏菩薩から低級な霊の存在も、一応認めますが、仏菩薩のほかに神霊に対しても、法楽といって、経を読み講義する時には、眼前の受講者としての人間のみでなく、霊界の神霊にも法を説くことになるのです。

仏法の使命の偉大さと、万人永久の救済には、かならず協力するという誓願の神霊を、仏法守護の神としてうやまいます。

これは神霊に帰依するものではなく、かえって神霊が成仏した行者に帰依協力することなのです。

ところが今日では、その神霊に帰依されるどころか、守護をしてももらえず、むしろ神にも見捨てられ、なかには遂に神罰を受ける僧も少なくありません。

することをしないで、好き放題な破戒無慚の僧は、常に不安と荒涼たる心境になって、最後には社会の指弾を受けるのです。

真の僧侶は、地味ではあるが、伽藍に仏像を安置して、大師のおしめしになった教えを正しく心におさめて、実行することが、歓びつつ感謝の真言行をつづけることになるのです。

ご利益は自ら請求するものではなく、自然にあたえられるものであることは間違いありません。

これまで私はいろいろと仏教について質問されたことがありますが、その中で一番多いのは、お勤めに一番功徳のあるお経はなにかということです。

私は次のように答えます。

祈りはまず求めるのではなく、すでにあたえられていることに感謝をし、おかげを知らないために仏の慈悲を無視して、利益を捨ててきたことを懺悔すべきです。

お経は仏様にあげるのではないのです。本尊様はお経はよく知っておられるのです。知らないのは私なのです。それをよく自覚しなければなりません。

そして、できるだけ良い本や、良い指導者に聞くことです。

そうすれば仏は至る所にましますことを知ります。仏を信じるというのは、自分をむなしうして、静かに自分のありのままの姿を照らしてくださる自然の法（如来）に無条件に頭がさがることです。

嘘や偽りのないあからさまな自分をどこまでも信じ、またそれを知らし照らしてくださる如来を信じることです。これを如実知自心といいます。

弘法大師もこのようにお教えになり、心の外に仏を追うことは迷いであるといっています。

仏は自分を信じる心にあるのだといっています。これは人が教えを信解するところに、如来が休むことなく常に加持されていることを知ることです。

霊場巡拝の時に、よく南無大師遍照金剛ととなえ、大師と一体、つまりこれを同行二人と形容しますが、これは大師という個人ではなく、その背景には広大無辺な大日如来がましますのです。

山や、滝に、弘法大師が待っているのではないのです。山や滝の行とは、自らを鍛練する心なのです。ご利益をいただくこととは意味がちがいます。お礼の報恩行としてお詣りするのです。

山や難所の行場に神霊をもとめても、心の準備、すなわち悟りのない人が、焦って入行しても、かえって魔霊に憑かれることがあるから注意しなければなりません。

年配者は身体を苦しめ、病むことになります。よくあることですが、行者や行場の異様な雰囲気にはよく気をつけてください。

高野山にお詣りするのは、このすばらしい教えをのこされた大師の高恩にお礼に登ることと以外にはありません。その時にまたご利益をいただくことになるのです。

一番大切なのは懺悔文を何十遍でも心から読み、後は十善戒を唱え、反省しそれを破っては縫い、破れてもまた縫うように努力することです。

目にみえない仏恩を感じる人は、それだけでその人の人格が高くなり、仏の道に近づき、したがってなにかと善縁、幸運に恵まれることになるのです。

奥の院の前で、無理にご利益をもとめる必要はなく、大師の教えを忠実に守って行けば、もうすでに必ずあたえてくださっていることに気付くと思います。その御恩にお礼参りをしてください。

感謝のお詣りこそ、最も大きなご利益を授かることなのです。

六大の意味

六大は互いの一大に他の五大が融合しております。すなわち六大は互具し合っております。したがって宇宙の働き価値を六つの面に大別した意味なのです。故に、元素のように分類する考えは誤りで元々融合一体です。

①空大は虚空の如く無限真空の意味をもって自在です。如意宝珠の形はその意です。
真空の中にも電波が在ります。無色の意で白で示します。仏果の自浄と自在無碍を表します。

②風大は動く力を示し、満月に雲がかかって半分見えた表現です。風と雲を黒色で示します。図によって迷いの塵を払うの意に取ります。

③火大は火の炎の先を三角に見た心です。火は一切の塵垢を清浄にし暗を照す赤色です。煩悩の汚れを焼浄する意。

④水大は水玉形とし、水色を青としました。水は万物を潤おし、円満を意味します。人の生命の主たるささえは水です。水の清浄さを仏心の清浄に合せます。

空の中にも他の五大があるのです。奇蹟を生む理がわかるでしょう。

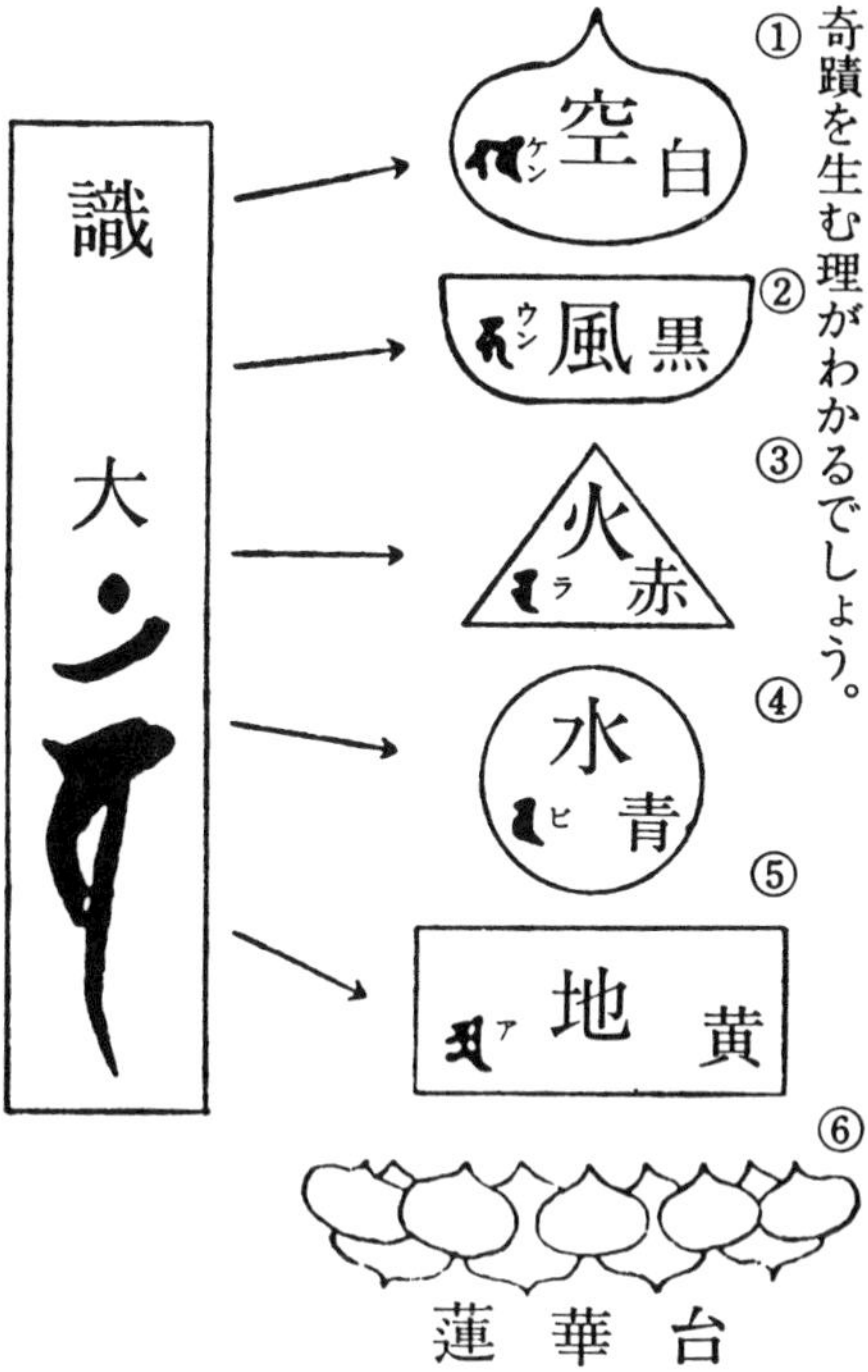

⑤地大は四角で表し、安定感、不動を示します。大地の良は黄色とし、金属類鉱物の庫を示します。そして一切のものを載せて苦痛としない忍徳もあります。仏の無限の慈悲を示します。

⑥六大は如来身ですから蓮華台の上に乗せます。

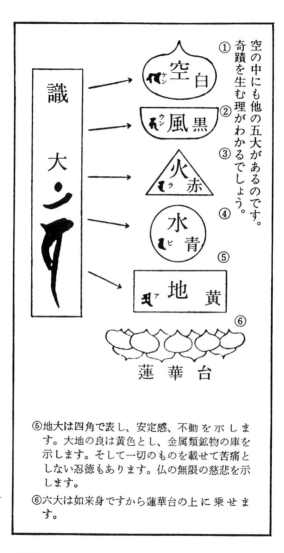

(六) 大日如来

これまで述べましたように、大日如来のご身体は、宇宙の本源であり、宇宙の生命であるといいますと、考え方によっては大きな疑問に突きあたります。人が仏の期待に反して害をおよぼす、仏教の無明煩悩、すなわち貪瞋痴のおこる根本の無明はどこからくるのかということです。

しかし、これは実体のないもので、真の智を得れば消えてしまうものです。反面、無明三毒の生まれるのも真理であり、如来身の自然な働きに反する知です。

そこで大切なことは宇宙の本源、宇宙の生命は、同時に覚性であるということです。くわしくいえばこの宇宙の覚性を大日如来といい、五智如来ともいうことなのです。

私たち人間が菩提心をおこすというのは、この覚性を体験するということなのです。単に生命を信じるだけでは、悪も育つし、無気力な植物人間と同じことです。この如来の加持を信じていると、遂に自然法爾の覚性を体得するにいたるのです。

『大日経』というお経は、この覚性によって教えを説いたものです。

このようにして、覚性を知り、悟ることの向上心があたえられてゆくのです。言いかえれば、覚性を悟れば、その覚性が人間の智を通じて経典となったのです。覚性は無限なものですが、縮めると一句一語となり、真言におさめ、種子という梵字であらわすのです。

迷いも真理の一つの姿であるといえば、詭弁を弄しているようですが、自然法爾の真理だけでは、私たちにわかりません。

それが執着という具体的な制限、つまり本来の自由自在な法が、執着によってまったくちがった形を持った状態を招く、それが迷いなのです。

迷いのすぐ裏には真実があることをすでに反証しています。はじめから真実はわかりません。迷いによって、真実が迷いという姿で自分に迫ってくるのです。迷いと自覚せしめるものが真実なのです。迷いがなければ悟りもありません。迷いと悟りの関係を「菩薩いまだ成仏せざる時は、菩提、煩悩となり、すでに成仏する時は、煩悩、菩提となる」（梵網経開題）といっています。

(九) 諸仏諸尊

大曼荼羅には諸仏が多く描かれております。中央に描かれた大日如来が、衆生済度のために、私たち衆生のそれぞれことなった欲願を、仏縁と結ばれる糸口として、種々さまざまな姿の仏、菩薩、天部となって応現されています。

日本全国のお寺や、霊場にはさまざまな如来や菩薩があります。観音菩薩も三十三身ありますし、勢至菩薩、不動明王、文殊菩薩もあります。愛染明王、毘沙門天、弁才天、聖天尊、荒神さま、竜王竜神さま、地蔵菩薩など数百種にもおよんでいます。

このことから大日如来には無限の要素があることを知ります。

寺院のなかの信仰だけでなく、山嶽や、四国八十八カ所の霊場、西国、坂東、江戸三十三観世音霊場、秩父観音三十三霊場などが昔からあります。また近年になってから開かれた霊場もあります。

ここに日本全国に、衆生済度に出現された一つの曼荼羅の意味がありますが、私たちの密教の教理から、この多仏多尊の根拠が説かれなければなりません。

その訳は、法身大日如来とは、宇宙の本源を意味しています。ところが宇宙の覚性といっても、とても凡夫には悟ることができません。したがって、もっと人間に親しみやすいようにしたのが、この多仏多尊なのです。

これは大日如来の一部分の徳を主本誓として、方便身、または加持身として出現したのです。すなわち大日如来の分身仏であるのです。

この未開悟の人間仏が、まず身にあまる高望みのように思う信仰でも、順をえて至るのです。罪も深く、智慧も浅く暗く、慈悲の徳はなく、貧乏いっぱいの私たちですが、だからこそ余計に大日如来の加持を信じるより道はないのです。

人によっては親しみやすい仏様と仏縁を結びます。すなわち自分の願いをかなえてくださる仏・菩薩を信仰します。

たとえば、病身ならばこれを救ってくださる薬師如来、慈悲の観音様、あるいはお大師さまのご誓願を信じます。火難や盗難などの災厄から自分を守るためにある人は観音様を信じます。子どもの成長や幸福を祈って、西国や坂東、四国霊場を巡拝します。

このあいだにさまざまな苦しみにであいますが、これも修行だとして、心を強くして巡拝することも、昔から多くの霊験記が伝えているとおりです。

高野山の約百カ寺の本尊も、大日如来、阿弥陀如来、薬師如来、観世音菩薩、不動明王、地蔵菩薩とさまざまな仏様たちです。

そのお寺を開基された僧侶の好みによって仏縁の本尊として信仰し安置したのが、代々引き続いて本尊法を修法してきたからです。そして、それは同時に、このお寺に参詣される人たちの幸せを祈ったのです。

特に高野山は、日本全国の総菩提所といわれるほどです。宗派をこえて、故人の霊を弔い成仏を祈るのです。

密教では、特に何仏でなければならないとは言いません。しかし諸尊の奥には必ず本地仏として大日如来を深く信ずることを忘れてなりません。すなわち大日如来無しの諸仏はないということなのです。

伽藍の根本である大塔の大日如来からすべての諸仏が全国に応現する意味で弘法大師は、大日如来を真言宗の総本尊としたのです。

(〒) 真実のご利益

密教の総本地仏は大日如来であることをお話しました。それならなぜ諸仏や諸菩薩がましますかといいますと、多くの衆生にはさまざまな諸仏や諸菩薩が加持身、変化身として現われなければ、あまりにも大日如来が絶対で、広く大きな仏様なので想像もつかないからです。

つまり、諸仏は、衆生の機根、性質、欲願にしたがって、信仰に熱心になれるように応現されたものなのです。

そのご利益にまちがいなくあたえられることを信じることが必要だからです。自分が真の信心にいたっていないからご利益がいただけないのに、これは自分が信心している仏様はご利益が薄いからだ、これからはもっとありがたい菩薩にあるいは明王さまに代ってもらうという人があります。

それでも授からないので、加えてまた新しく菩薩をお祀りするという人もあります。極端なのになると、多くの諸仏の御名や真言を唱えると、広く諸仏がご利益をたれるだろうというので、一仏よりも多尊を安置した方が良いと信じたくなるのです。そこに注意する点があります。

表面上からみれば、一切諸仏を信じ敬礼してたいへん結構なようで、これも密教の特徴のように考えられます。

このように多仏諸菩薩を信仰することは悪いことではありません。しかし逆にいいますと、徹底した信仰に立っていないのではないかと思います。

素朴な気持ちでいろいろな神仏をご供養して感謝する生活はたいへんいいことですが、多神教のような神霊信仰になってはいけません。

密教は諸尊と楽しむという心境があり、はば広いユトリのある信仰観になっていますが、それは自分の信仰がきまってから、下化衆生すなわち他の人々を導くとの意味で、自分自身が悟らない以上は、本末顚倒しないように注意しなければなりません。

なぜならば、諸尊はみなその本地仏である大日如来が、その広大な徳の中から一部の分身として変化されたのです。しかしその究極の目的は、私たち衆生に、最高の悟りである大日如来の五智を得るように苦心されているのです。何人も大日如来に帰一されるというのが、大師さまの真の教えなのです。

すなわち、観音さまや不動明王、あるいは薬師如来や阿弥陀如来を信仰して、その一尊に徹底して信仰しますと、いつしか大日如来の悟りになってゆくのです。たとえば観音菩薩を信仰して深く真実にいたると、いつしか大日如来の仏境涯に進境しているのです。

これは観音さまをいいところまで信仰して、今度は目的を変更して、観音さまをのけて、あらためて大日如来をお祀りしなければ、大日如来になれないのだと解釈する必要はありませんが、できれば最初から本地大日如来様を安置されるのが理想的です。

諸仏の中の一尊を信仰し、真言念誦を続けていくうちに、大日如来の成仏神変加持が実現されるということです。

一尊と大日如来の仏格をくらべると、どうしても大日如来が総本仏であるからそれにくらべると観音菩薩、あるいは明王尊では位が低く小さいと考えがちですが、それはあやまりです。

宇宙の覚性に入るのは、はじめから大日如来を信仰すれば、より早く大日如来になれるというのではなく、その悟境の入口ではやはり無限な宇宙のなかの地球上の一点、すなわちアジアのなかの極東の日本、そのなかの県市町村のある道場に坐して観想するのです。自分という機を通して法の世界に接することができるのです。

観世音菩薩の世界は宇宙のなかの何分の一の局地であり、明王はそれより小さいとか、大きいとか、その局限を限定することはあやまりということです。

観世音菩薩の心も宇宙いっぱいに、どこにでもあり、明王も宇宙いっぱいに、いずこにも遍在しておられます。

これをよく仏教の善知識から指導していただいて、疑いなき信仰をされて、大日如来にとけこんで同体となる信仰者になっていただきたいものです。

要するに、諸尊の誓願は個人的なものですが、大日如来の誓願はいつもすべて衆生に大悲をほどこし、すべての智慧をあたえられており広大無辺の心なのです。したがって如来にもとめるのではなく已にいただいている仏恩に感謝することです。

大曼荼羅を正面からおがみますと、誰もが、中心の大日如来が大きな仏徳があるから、この方がご利益が大きいような感じを受けるでしょう。

そして小さな仏様はご利益が小さいように思いがちですが、そんなことはありません。

宇宙の生命である無限の仏界に入る入口の尊像(ある菩薩)に宇宙のご利益があたえられる時は、その出口の一尊に無限の真実(悟り)が湧き出ることになるのです。

たとえば、観世音菩薩で申しますと、観世音菩薩という大日如来ということになるのです。不動明王ならば不動明王という大日如来のお姿なのです。また天部のなかに配置される聖天尊は、大日如来が衆生の俗願をかなえさせようとあらわれ、煩悩を一部で抱いている聖天尊という大日如来といえるわけです。

多くの信者は、大師の教えをくわしくもとめないで、諸仏の誓願が多くあれば霊験があらたかであろうとか、豊富なご利益の効能書に魅力を感じるようです。

ご利益ということを、身勝手な俗願だけに考え、仏に少しでも近づこうという菩提心を考えないのならば、外道の教えの多神教の神霊信仰と同じではないかとお互いに反省してみる必要があります。

もしもご利益にはじめから大きな格差があるとするならば、当然ご利益の大きな仏様を本尊とした方が有利で、後になって悔いることがないということになります。これではご利益中心のたいへんな疑問の多い信仰であることは注意しなければなりません。

要するに、仏教は冷静な聞法がなければ修行は成り立ちません。ただありがたいという心だけでは迷信になっていることが多くあります。必ず聞法をもって正しい信心、正しい祈りの生活に入って救われるのです。

指導者がない場合には良い仏書をもとめることです。特に大切なことは、仏様の教えとご利益は、この教えを正しく行う人にあるということです。

法は人によって興ります。したがって正しい師によって自《おのず》から利益を知らされるのです。

(三一) 霊魂とは何か

宗教の中で霊魂の問題はよく論議されますが、いったいこの霊魂とはどんなものなのでしょうか。

仏教ではこの霊魂の解釈には大きな注意をしています。経典によっては無霊魂説に解釈されることがあります。人間には真我(霊魂)というものはないと説くのが釈尊の教えです。これは釈尊の最高の神通眼にて実相を照見された教えで、たんに想像したものではありません。そして業の怖ろしいことを説いたのです。

他の諸宗教の霊魂説とは異なることを知ってください。すなわち霊魂とは人の生前の業を主体とする存在なのです。だから業のない人には霊は無いわけです。それで仏様には業がなく、私たち衆生にあるのです。

ほかの宗教のように、人間には肉体のほかに真我があるとする霊魂説と仏教とが異なる点は、肉体のほかに真我という霊魂は無いということです。この意味は人の肉体のほかに真実の我ともいうべき霊魂は無いというわけです。したがって仏教が、ほかの宗教と異なる点は、この霊魂説の否定にあるのだというと、きっと驚かれると思います。

ここでは落着いてよく私の話を聞き、正しく理解してください。この本によって皆さまは、仏教の専門家以上の知恵者となり、しかも正しい堅実な信仰心をもつことになり、今までの不安や迷いや罪が消えて、真の幸せを招く人になれると確信しています。

さて、霊魂ということは、仏教すなわち釈尊の悟りは、仏智見でこの宇宙の実際を見透したところ、人間の場合も、本来肉体の外に霊魂は無いが、この人間のもつ心の動き、そして行為したことは業となって永久に続くことを発見したことです。これは霊魂に相当します。またこれを輪廻する、業転するともいいます。

人間は他の動物にくらべて執着心が強力なものです。この愛情、憎しみ、悲しさ、欲望、後悔といった心は、業となり脳の動きを狂わせ、諸病となって、やがては心臓が止まり、肉体の細胞の働きが停止します。そして死骸となり土中に埋められたり、火葬にされたりします。

ところが腐りも焼けもしないで続くのが業です。これが執着の業身なのです。この業の塊が霊体と呼ばれるものです。

霊体は、もともときまった形や姿があるのでなく、執着業界の微細な一動体ともいうべきものです。必ずしも、生存中の人間の眼には見えないのですが、なにかの機縁で、もとの生存中の顔や姿を再現することがあります。

これが幽霊とも霊魂ともいわれるものです。

したがって、修行をよく積まれて、欲や執着煩悩がはなはだ希薄な人の死後はその霊魂はこの世に残らないわけです。すなわち不生の生に帰るのです。こういうわけで、霊魂はあるともないともいわれるのです。

ところがどうでしょうか。実際の自分を知るときは、いっときたりとも意志、思念の休まるときはないでしょう。あるとすればたかだか寝に入ったときくらいなものですが、それでも夢を見ることがあるのは、潜在意識が働いているからです。

また、執着や、煩悩の少ない聖人の死は、その業執が薄いため、その場合は、そのような清浄な識体は、人間界の近くには存在せず、高尚な、天上や無色界に昇るのです。

すなわち人間界は欲界です。その上は色界、さらにその上は無色界と区分するのですが、執着や煩悩を断つと、人間に憑依するような神霊にならず、さらにはるか上界にあるとするのです。人間の執着心を分析すると、生前の多くの場合は親の子供への愛、子の親への愛執、夫婦の愛情などいろいろあります。

凡人の死後のことを考えると、愛着のあった人は、必ず遺族が自分の追善供養をしているかとか、嫉妬とかが残るわけです。妻が自分の死後には、代って後妻の良い人がくるように願う人は、立派な神のような心の持主です。これは人間として素直に考えればよくわかります。反対に怨恨も作用します。

よく働いたが報われず、いよいよこれから幸福になるだろうと期待した人世が消えて、幽冥境に入るとなると、惜しい、悔しい、残念だ、憎い、悲しいことだというのが多いのではないでしょうか。

とくに子供に対する親の態度をみると、愚かしい子供ほど、心配をし叱言もいうのが親の愛情です。

こういう愛着があるから、死んでも死にきれぬ、業身がながく続くのです。親や子供を思わぬ者はないし、その他多くの事情があります。

たとえば心中をする、自殺をする人は、生きているのが苦しくて死のほうが楽だと思うのでしょうが、まことに浅はかな考え方です。人は死んでも苦を脱することはできません。苦を脱するにはただ一つ、生きているうちに、正しい信仰すなわち仏教による教えを求めて聴聞することによって、懺悔と救いに感謝する道があるのみです。

このようなことをもっと広い意味で考えると、戦死した英霊のことを忘れてはいないでしょうか。今の日本は繁栄の中に多くの禍が生じているわけですが、このことはたんなる公害でなく、多くの未知の原因で死ぬ人が多いためなのです。早く日本人は、そろって英霊を慰め、彼らの悲願に感謝すべきです。敗戦したにもかかわらず、戦勝国に勝《まさ》って繁栄しているのは、必ず護国精神、すなわち国を守るという愛国心で死んだ兵隊さんのおかげもあるのです。

また南の島や満洲で、非戦闘員の住民が大和《やまと》心で自決した、その霊の供養もしなければなりません。それだけではありません。日本のために犠牲者となった交戦国の人びとの供養弔いも大切だと思うのです。

このように考えると、高野山の霊場に、まさにこの迷執の業身たる諸霊の供養塔が世界で見られないほど多く建立されていることが注目されるのです

古くは、文禄朝鮮侵略のときの敵味方の慰霊塔をはじめ、日清、日露、大東亜戦争のみならず、歴史上有名な川中島の上杉、武田の武将の碑や、全国大小名の供養塔、施主たるべき子孫のなきあとに、無名の人が建立したのも少なくありま

せん。

織田信長の墓も、明智光秀の墓もありますが、石田三成、その他書き切れないほどの歴史が、石碑の供養塔、多くは五輪塔にその名を刻まれています。

みな大日如来の大悲に包まれて成仏する、まさにこの世の浄土を知るのです。駿河大納言の大きな慰霊碑を見ますと、憤死した霊のために、徳川家がいかに心を用いたかがわかっておもしろいものです。

仏教では、人間にはその身体のほかに真我があって、これが生まれ変わるという説は取りません（業としての霊魂は認めます）。もし真我としての霊魂が、肉体の外にあるとすれば、実に矛盾した問題がでてきて、迷いを重ねることになります。

肉体を殺しても半分しか罪にならない意識が生じたり、仮の我と真我の考えが一致しなかったりします。また霊魂と呼ぶからには過去のことを全部知っていなければならないことになりますが、いまだそのようなことはありません。ある教団で過去前世の自分を知ると申すのはマユツバ説です。

よく霊魂の実験をしたら、何百年前に兄弟であったことを知ったとか、お釈迦さまの弟子の生まれ変わりであることがわかったというようなものは、みな魔の所業にすぎません。近いところではTという邪教の主があって、宗教を知らない人々を一時信じさせて、その本が数十万冊も売れたといわれますが、これことごとく真我の霊魂があるように信じこませる魔神の所業であったのです。

私がこのことを発表したあとまもなく四十九歳で急死をしております。魔は見破られると、去るものです。

以上のとおり、霊魂とは人の生前の執着の業体です。したがって別に悪いとか良いとかでなく、その多くは愛着の霊ですから私たちの目にはみえないが、この心に感謝して、供養をしてあげるべきです。その霊の御守護がある場合もありますからなおさらです。

たとえば日本の神社は自然の神や人の霊、すなわち生前の徳のすぐれた人を祭った、また自己を犠牲にして村なり町なり国のために尽くした偉人の霊を神としたものです。神々を祈れば、当然御利益のあるものと信じるのは無理のないことです。家庭の先祖の霊の中に、子孫を守る心の執着があるのは、迷いの一つではあるが、子孫としてはありがたいことです。ときどき夢の中で、先祖の命日に災厄のあることを予知するというような話がありますが、当然ありうることだと思います。

いかに愛着があっても、仏教の教えの十善戒を守り、菩薩の徳を礼讃し、少しでも実行した霊を先祖にもつことは幸せなことです。私たちが菩提寺を大切にするとともに、ときどき高野山にお詣りをして、平和な浄土にて供養することは、どんなに先祖様が喜ばれることでしょう。世界広しといえども、仏教の本山多しといえども、高野山は宗我のない一番尊い仏様の和の心の実践場所であるといえます。この世の浄土として目に見える世界としては唯一なる霊場だと思えてなりません。

年忌の法事は、たんなる人間界の儀礼にとどまらず、それを行なう人や家に、必ず吉祥が現われるものです。法事の出費にまさる福分が与えられます。そして社会の信用を得るのです。また、子孫によき感化をあたえ、道徳心を育てます。求めるより、心をこめて行なう供養こそ、多忙で聞法の時間のない人には特に必要なことだと信じております。

最近は、仏教者の油断の間隙を縫って、すでに印度で釈尊が外道として捨てた超能力にあこがれるヨーガ等を練り合わせた非理論を、密教という間口の広い教えをうまく利用し、超能力ができるように信じ迷わせて、前生を知るとか、超能力を得るとする、たくみな香具師顔負けの邪教がありますが、文字と印刷術に隠された商売心に迷わぬようにしたいものです。

護摩の火の形や煙の形を写真にとって、竜神とか、明王とか天狗の姿、人の顔や霊魂が現われたと説明する、香具師の手口は護摩の火煙に風を入れたり、水を掛けて白煙を起こすと、映写した中のフィルムには必ず何かの形に似る場合があるものです。これが密教の霊験なら痴人用の宗教です。正しい密教では護摩法には煙や焰の形の霊験談は戒めるのです。とくに本尊のお告げがあるというのは注意すべきです。

かりに宗団の発展のためとしても、手段方法に策を弄して、ただ信者獲得に狂信者をつくるようなことは絶対しないのが大師の教えです。

ただし、はじめから宗教らしきものを悪意で創作して、人心にくいこんで財を集める輩は、邪師邪教として徹底して破邪の剣を振うのが、大師の御心であることを忘れてはいけません。

本山の正しい指導がなかったので、真言密教の歴史をかえりみると、この大師の御心を伏せて、摩訶不思議を売物にする、いかがわしき売僧や偽山伏等が、真言密教という名のもとに、多くの弊害と迷信を振りまいていますが、これは昔から跡を断ちません。これを率直に認め、悔い改めて、今日こそ大師の教えに帰り、ありがたい正しい真実方便の、現世利益を通じて永遠の救いとしたいものです。

親鸞聖人が信者の方へ申した歌に、

恋しくば南無阿弥陀仏を唱ふべし
　我も六字の中にあるかな

という有名な歌があります。これと同じで、大師は三密によって、入定せられて識身は微細にして如来の誓願に同化して生きておられるのです。私たちも三密によって大師や大日如来と一体になることができるのです。

恋しくばアビラウンケン唱ふべし
　我も真言《まこと》の中にあるかな

釈尊は病没ではなかった

今まで釈尊は病気で涅槃《ねはん》にはいられたとしたのが定説のようですが、『大般涅槃経』の宮坂宥勝博士が飜訳されたのを読むと、逆に釈尊は病没ではなかったという解釈ができるのです。

釈尊は三月後に涅槃にはいることを阿難に予言しており、遊行をつづけて、ヴェーサーリーにおいても附近の比丘たちを集めさせました。

そこで四念処、四精勤、四神足、五根、五力、七菩提分、八聖道の法をよく理解するように教えようとされてから、釈尊はこういいました。

「さあ、今や比丘たちよ、あなた方に私は告げる。もろもろの現象は消滅の性質をもつ。怠らず努めよ。

久しからずして如来の般涅槃はあるのであろう。それより三カ月後、如来は般涅槃するであろう」

釈尊はヴェーサーリーへ行乞にゆき、その帰りがけに、あたかも象が眺めるように、ヴェーサーリーを振りかえって眺め、アーナンダにこういいました。

「アーナンダよ。これからヴェーサーリーの見おさめとなるであろう。

さあ、パンダ村へゆこう」

こうしてパンダ村では、比丘たちに生死流転するのは戒定慧を覚知し、通達しないからであるとして、再生なき道を説きました。

それから、さらにクシナーラーをめざして、ハッティ村、アンバ村、ジャレプ村、ポーガ城へとむかいました。

ポーガ城のアーナンダ宗廟では比丘たちに四大教法を説きました。

さらにマツラ族の住むバーヴァにいき、そこで鍛冶工の徒弟のチュンダが所有するアンバ林に住み、彼の供養をうけることになるのです。（中略）

「世尊は明朝、比丘衆といっしょにわが家に来て供養を受けることをお聞きとどけください」

釈尊はこの申し出を受けた。その夜、チュンダはうまい食事を用意した。

翌朝、釈尊はチュンダにいいました。

「あなたが用意したスーカラ・マッダヴァをわれにあたえよ。また用意した他の食物や飲物を比丘衆に供えるがよい」

チュンダの供養を受けてから、釈尊はいいました。

「チュンダよ、残ったスーカラ・マッダヴァは穴に埋めよ。チュンダよ、この食物は神神、悪魔、梵天ともなる世界、沙門とバラモンの間、天と人の間においても、如来以外にはそれを食べて、よく消化するものをみない。」

そこで、チュンダは残りを穴に埋めまし

た。釈尊はチュンダに法を説いて喜ばせ、立ち去ったのでした。

　チュンダの供養した食物をたべたとき、釈尊は重い病気にかかり、赤い血がほとばしり出て、死ぬほどの激しい苦痛が生じました。しかし釈尊は正念正智にあって、苦しめられずに、耐え忍ばれました。

「アーナンダよ、クシナーラーへ行こう」

　釈尊はこういって、アーナンダをうながしました。

　このことについて、『大般涅槃経』には、二頌にわたる古い詩があります。

　このようにわたしは伝え聞く
鍛冶工チュンダの食物を食べて
賢者は病気にかかった
死ぬほどの激烈な病いに……
スーカラ・マッダヴァを食べて
師に激しい病気が起こった。
クシナーラーの都市にわたしは行こう

　スーカラ・マッダヴァというのは、漢訳経典には、栴檀樹茸とあってキノコの一種とみられていたようです。

　しかし、パーリ語では「野性のブタ肉」を意味する等異説が多いようです。

　以上の経によってわかることは、その食物をさしあげたのは、特別珍らしいものであったからと思われるのに、他の比丘衆には供えられなかったということです。

　この珍らしい食物は茸類であったため、猛毒性のものであり、栴檀樹茸が希少価値のものであったと思われます。

今日でも栴檀はえがたく、まぼろしの香木といわれているほどです。

この木に生えた茸は、香木以上に珍らしいため、釈尊にだけさしあげたものではないかと推理されます。

そのために血がほとばしり出て、激しい苦痛があったものでしょう。

如来以外の人ならば、おそらく即死されたでしょうが、如来は正念正智によって苦しめられずに、耐え忍ばれたとあります。

間もなく病状がよくなったために、十二キロ半もあるクシナーラーへ歩いていかれたのです。

八十歳の釈尊が、こうした病状で、十二キロ半も歩かれたのを、まだ病気が残っていたと解釈するのはどうでしょうか。

入涅槃の予言は、三月先であることを告げているのですから、天寿の近いことはあきらかです。

クシナーラーについてからも、河の水の奇蹟をあらわしておられることや、無余涅槃にはいられる夜はうるわしくなるといったように、その予言の通りであったようです。

急病の重い症状をなおすことができたのは、尊い正念正智の法徳のあらわれです。

加持祈祷と言葉を別にしますが、その原点の加持は、三密一致の意密に代表されて説くことになると、正念正智というほかにないと思うのです。

密教のいう、即身成仏の意密の分析にあると思われてなりません。

逆に、正念正智とは、三密加持すなわち法身と行者の一体がそれであります。正念正智こそ加持のあらわれです。

真言宗の加持門が、その実修の方向に、ヨーガにその源流があるとして、ヨーガの流行がありますが、まだ三密加持の本義にいたってないからではないかと思います。

私は『大毘盧遮那成仏神変加持経』のなかの加持の解説を、懇切にのべられているところの、弘法大師の著書である『大日経開題』こそ初心者から大阿闍梨にいたるまでの、一番重要な宝と信じています。

釈尊が食中毒にかかられたといっても、それは一般にいうところのものではなく、猛毒性のせいであったと解釈しませんと、即身成仏の特長が消えることと、私自身加持法にいつも専念した時の法徳は、とても現代西洋医学などは問題にならないものであることを知るからであり、念力や術では期待されない証《あかし》が見られるからです。

(三十三) 先祖供養

人間が死んでしまうと、骨と灰と煙になったあとは、思い出だけが残るものだというのが、唯物主義的な考え方であり、宗教無用論の根拠でもあります。

仏教では、前にも述べましたように、肉体の外に、別に霊魂というような真我はないといいいました。仏教外の宗教、とくにお釈迦さま当時の印度には、九十五種の外道、すなわち宗教がありました。こうした宗教は、人間には真我がありとしていました。これが霊魂説としてあったようです。

釈尊は、修行の結果、神通力をえ、真実を照見され、人間の真我ともいわれる、肉体とは別の霊魂はないことに気がつきました。しかし大切なことは、この真我としての霊魂はないが、人間には生前からの働き、つまり意志をきめ、行動をおこし、念じたことはすべて業としてその人に蓄積されていることを前に述べました。

死んでもその生前からの業、すなわち執着の心はいろいろな形となります。財産や金への執着、生存中果たせなかった悔いの心、生きている時に裏切られた怨み、愛憎、その他喜怒哀楽の業がつづいていることを照見され、この業について教えられたのです。

したがって、死後でもその思いが執念としてあるのです。たとえばある人が財産を残して死んだ時、その人はその子孫がその財を失うことを喜ばず、また、子孫がその財で幸せになることを喜んでも、反面では、子孫がその先祖の恩を知らない場合は憎むか、不満をおこします。恩を感じて先祖の霊に感謝する者を見れば、大いに満足して、いっそう幸せにして守ってやる心になります。これが俗に人の霊というものなのです。

要するに、仏教外の考え、肉体のほかに真我があるとする思想と、「生前の業が延長し活動している」という業思想とのちがいはありますが、霊魂のような存在を認める点ではおなじことになるのです。けれども現在人を支配する如き力はありません。

もしも外道の教説を認め、人間の肉体の外に、真の我という霊が、身体のどこかにあるとすると、肉体は仮りのものであるために、肉身を殺しても真我は生きているということになり、半分の罪よりないことになったりすることになります。また、すべての記憶は真我が持っているということになり、したがって死者の霊を呼んで語らせると、生前とかわらない過去の記憶をそのまま語らなければならないといったことになります。

したがって、古代人の遺骨を発掘して、遺骨を媒介として真我である霊魂を呼ぶと古代の物語りでも聞けるはずですが、とてもそれは期待できません。

ということは、あきらかに真我説は妄説、すなわち誤った教えであり、教えといっても真実教ではないことになります。

釈尊はこのような邪宗教を、外道の教えとして、仏教と厳重に区別をして、仏教徒に迷うことがないよう諭しておられます。

釈尊がなぜ死後の世界について説くことが少ないかといいますと、人は故人の霊魂への執着が強く、死後の世界をいえばいうほど執着と迷いを生じ、煩悩がさかんになるからです。

また、霊魂は人間世界に同居しているものではないこと、あるいはこの世界に永久に生まれかわり、死にかわり流転する、いわゆる輪廻の世界というものを認めてはおられません。

仏教は輪廻を解脱することが目的ですから、死者が再びこの苦界輪廻の世界にさまよわないよう心せられたものなのです。

仏教は、生きている人たちが早く悟りをえて、この世で輪廻する業をつくらないようにするために教えるのが主眼なのです。現世においての信仰を正しく実行することによって、輪廻から解脱することを教えているのです。

輪廻から解脱されるのは、人間が生を受けた時だけです。

「人身受けがたく、今すでに受く、仏法聞きがたし、今すでに聞く、この身今生に度せずんば、いずれの生においてか度せん」

この教えのように、この現実の一瞬一瞬を大切に生きることが大事なことであり、死後の霊魂の世界は、今生に問題を解決しないから生じてくるのです。したがって仏教で、法事や年忌を大切にするのは、霊の祟《たた》りを恐れるからではなく、生前に仏教を知らなかった迷える故人の霊が、悟りに達することができるように、あるいは苦界におちている霊が、苦界から解脱することができるように祈るのです。尊いお経、すなわち如来の諸法を記録した仏典を読むのもその意味からです。

特に生存中の者が、故人の霊に感謝し、弔う心は、霊魂の側にしてみると、この世に気がかりなことはなくなる訳で、真に快心にして喜び、満足することになり、子孫のために守ってくれるようになるのです。

しかし、霊界で自在力がある高級霊とはちがって、苦しい境界の霊ではとても子孫のためあたえる力はあるはずがありません。しかし、法事や年忌供養により少くとも障りになることはなくなるものと思うのです。

日本の神社の多くの祭神は、仏教の仏様とちがって、人の死んだ霊を祀っているのです。したがって氏子としての関係よりも、その家の先祖の方が神社以上に因縁が深いのです。

先祖を供養し、感謝の祈りとともに、加護をもとめる心は人間の情としてごく自然のことです。

あたかも子どもが物をねだるのに、いくら親しいからといって隣人には求めず、自分の家の父や母に求める心と同じように、自分たちの先祖を慕って求めることは、決して不自然ではないと思うのです。

自分の安泰を求め、利益を求めるのは人間の煩悩ではありますが、現実の娑婆の世界の人たちは、すくなくとも他人の世話にならず、自分のことは自分で少しでもよくなろうと自己を練磨することこそ、福祉精神の基本といえます。

最近では、やたらと福祉、福祉といい、国も社会も、単なる予算額で考える唯物的福祉を、宗教よりも優先していますが、真の福祉というのは、感謝と愛の気持からでるものです。むしろ特別に気の毒な人びとのための制度でなければなりません。高福祉高負担ということは大きな反省を要します。

要するに、福祉を必要とする環境をつくることは、生きている人間の身勝手な考えや、辛抱や節約を忘れた、いわゆる三毒煩悩から出てくることが多く、これを教えない教育の誤りも反省されます。

仏教の哲学は無我奉仕を道としますが、現代は有我権利主張の哲学から生まれた西洋思想が流行しています。

すなわち、仏教の教えに反した、無戒無慚の自我の本能動物欲的生活を自由と誤解する、堕獄の邪智見は、人間の末路をつくるようなものです。

これらを救うために福祉政策が必要となりますが、福祉事業の多くは、国の金で行われています。その国の金は、結局のところ国民の一人一人の金でもあるのです。

ヨーロッパにおいては、デンマークのように税金で五割も七割もとられるようになると、働く気持がなくなり、働くよりも被保護者の方が収入が良いことになってしまいます。

こうなってくると企業をおこす人もいなくなり、廃業が増すことになってしまいます。

福祉の基本は、人が自らの業から招いた不幸な、しかも悲惨な果報を、国が義務として助けるのだと見るのは誤りです。むしろこれは国の慈悲のたまものとすべきものでしょう。受給者は権利として受け取るのではなく、感謝が大切だと思うのです。

むしろ国の義務は、地震国日本であるという反省の上に立って、被災者にはできるだけの補償をしてやることではないでしょうか。

真面目に働き財を築いた人が、地震被災で一文の保険金もないというのでは、経済大国の名が泣きます。

地震のない国とくらべると、本能的ともいえる知恵が日本人にはそなわっているのですから、地震のない国とくらべるものを、特に立案したらどうかと思います。

政府が毎年大地震に備えて、適当な額の地震保険の準備金を計上して、まじめな国民の努力の結晶である財産が自然災害で消滅してしまい、不幸を見ることのないようにするのが福祉の根本精神ではないでしょうか。

(二十三) 大師と人間教育

弘法大師は日本の庶民教育のための学校、すなわち綜芸種智院《しゅげいしゅちいん》の創始者として有名です。文化人や宗門の人たちはその偉徳を讃えますが、一般の人はその中味についてはあまり知らないようです。

単に学校をはじめたというだけでは、今日では範とするにたるものではありませんが、今日でも、これからでも世界の教育界にぜひ取り入れたいことがその内容にあるのです。

大師は当時日本に伝わったいろいろの学問を多く取り入れました。特に医方明という、今日の医学を重視しました。そして病気を治すことを教えられたのです。

今日の日本をはじめとし欧米先進国では、国民は病気のために出費がかさみ、その負担額は年毎に大きくなっています。日本の場合は年間十兆円をこえるといった驚くべき負担額になっています。

この支払金よりもさらに大きいのは、病欠のための生産減と、使用者側が休職中でも支払う給料、あるいは病気が原因での失業、これに国の福祉法の適用、あるいは病気の貧しさから引きおこす犯罪、非行、売春等の堕落、さらに一家心中、殺人等々、人間がこのような逆境に入ると、思想も不健全化し、このために国家の各方面への影響が甚大であることです。

弘法大師は、こうした事実を、まだ国の補償法もない古い時代に、病者の出た家は悲惨きわまりないことを見ておられたのです。

大師は病気の問題を国の政治の中で特に重要視し、国民の常識として病気にかからないように教えたのです。さらに病気になっても、容易にそれを治す方法は国民の一人一人の教育と教養によって備えられることを教えたのです。

この世を楽土に近づける目的で強くこのことを感じ、これを政治の要めと考えたのです。

面白いことに、当時の教科のなかには『周易』があり、特に不審に思われるのは禁厭《まじない》も学問として教科のなかにあることです。これは当時、すでに仏教が伝来する前から、中国の道教や陰陽道が日本に入っており、盛んにおこなわれていたからです。大師の著書である『十住心論』によると、大師はこうしたものを頭から非難するのではなく、それぞれ学問として認めつつも、要は解脱悟道の真理と区別し、学問的に整理するように配慮されたようです。

このように教育の科目でも、大きな国民の生活に無駄を排除することによって、国民が正しい生活をおくり、政治も苦労を要しないようにするには、何としても実のある教育科目でなければならないという考えが中心であったようです。

そのほか大切なことは、教育は生産面と、哲学と、実際社会の仕事の面を目的とされ、決して僧侶の養成所としたものではありませんでした。

僧侶の教育は、寺の方で毎日行なわれていますので、一般庶民には、世間の学問を教える中に、仏教の尊いことを常識とするよう、仏教の骨子を教えていました。そして人智がいかに高くても、犯罪や巧みな犯罪逃れを企てるような人間をつくらないよう、その防止に努められたのです。

そして国民の一人一人が、精神を正しく持たなければ目的を達成することは不可能であることを教えられたのです。

近代の日本の教育は、明治憲法による長所も多くありましたが、それにもまして宗教を軽んじて、仏教哲学を教師養成の師範学校でさえ教えなかったのが、日本最大の不幸の原因となっているのです。

教育者がよく宗教の常識を豊かにしていれば、今日の宗教界の堕落もゆるされなかったと思うのです。

また『綜芸種智院式幷序』では、先生を優遇すべきこと、全寮制にし、学生に学資の心配をないようにする必要をあげていることも、日本だけではなく、国際教育界にぜひ知っていただきたいことです。

今から千百年余も前に、すでに大師は、国民指導の要点を鮮明に教えられていました。

今日の医学は医師以外には知らされず、また教育も唯物的で、自我主張を理想とする民主主義であれば、これは必ず階級闘争をしなければならなくなるということです。

仏教の輝く文化史も、体制がかわれば滅亡させられるものです。

仏教精神は、過大な個人欲を堅く戒めております。

その他の戒めと、八つの正しい道を教えるもので、これは少年時代から教えなければ、成人してからの反省力では、単に思うだけで、実行がなかなかむずかしいということです。

弘法大師の偉大さは、芸術界にも大きな足跡を残しています。それは大師の天性の所産であって、とても私たち凡人の真似のできる世界ではありません。

しかし大師の教育面での教えは、誰でもよく教えられて、実行面に努力するといつかは実現可能な問題であると思います。

大師の真の徳は、活きた仏の智と作業をしめしたもので、単に入定誓願ではないのです。大師の教育論の中にあきらかに指図されていることを知らなければ、大師の徳を正解したものとはいいかねるのではないかと思われてなりません。

このように正しい大師の心の受け取り方があってこそ、真言念誦の日課に対して、必ず諸天善神も協力して信者をお守りになるのです。

単なる祈りだけでは大威神力は期待されるはずもありません。

現世に密厳浄土を招来しようという、密教の最大の如来の願いは、正しい教育によって人間形成をはかり、有意義な人の心となるように祈りつつ、国民の正しい世論をさかんにすることで、加持門の大威神、すなわち成仏神変加持が実現されるのであり、同時に全人類を救うことになるのを目指すのです。

最近の政治家、役人、会社役員の汚職、特に選挙につきものの金権候補者や違反者が多いのは、政治、政党のまえに、全国民が悪を憎み、罪を怖れる教育に、深い真理である仏教哲学の中で特に大事な業論がないからです。

特に医師や教育者の私生活の乱れは全く目にあまるものがあります。これは人類破滅につながる自我に立つ自由思想の影響です。仏教の五戒を無視して人生のあかるい未来の期待はできません。

追記 私は密教を生活の信心の拠所としてもらう為に数十年来、有縁の難病に苦しむ方に、加持施法をしてまいりましたが、最近、私が認めた弟子ではないのに私の弟子と称し、宣伝広告を出し、加持法を汚しているものがおります。お加持を受けられる方は、必ず真成院密門会の方へ問い合わせて下さい。

いろは歌の起源とその大意

「いろは歌」は、弘法大師が仏教の根本的な人生観である『涅槃経』の四句の偈、「諸行無常、是生滅法、生滅々已、寂滅為楽」をやわらげてつくられたものです。

この歌は、仏教各宗を通じて、きわめて消極的な意味にとるのですが、私はこの「いろは歌」の精神を積極的に訳す必要を感じ、密教的に解釈してみたいと思います。

㈠ いろはにほへとちりぬるを

色は匂へど散りぬるを……諸行無常

諸行無常であるから、今の貧しい者、弱い者、不遇の者でも、自ら他と比して劣っておることを知ったならば、大いに発奮して努力することによって、貧乏からたち上り、富を得ることが可能である。

また弱い身体も、心も、仏の教える加持力を信じて、精進すると、夭折することなく天寿を全うすることができるのです。

もし無常でなく、定まった世の中であれば、まことに不平不満で終らねばなりません。

現在の果報は、過去の業因によるものであることを信じるのが仏教の教えであります。

これを信じて懺悔滅罪の心を忘れず、滅罪と積徳の志をもって処世することによって、必ず今までの暗い宿命に停滞することなく、明るい希望にみちた生活が送れます。

散った花も次の春には、また芽を出して立派に咲き、芳香するのです。

㈡　わがよたれそつねならん

吾世誰ぞ常ならん…………是生滅法

この世のすべてが定まった、富、健康、権力、不運不幸、貧しい者、弱い者で、努力もなく研究もなければ、また改善、進歩精進、即身成仏道を無視し、信じないならば、結局迷妄のままに転落し、生滅の苦厄のままで死ぬことになり悲しみ別れることになります。

㈢　うゐのおくやまけふこえて

有為の奥山今日越えて………生滅々已

このように、無常、すなわちすべてのものが流転変化するがゆえに、人はみな現在に満足しても、固定した運命と思わず、仏教の教える業因縁、無常縁起の理を信じ、悟ることによって、油断や傲《おご》り、または不平や不満、革命や悲観、自暴自棄の心を滅し得る。

そして希望を新にして、自我を忘れ、如来の救いに安心を得て、日々の変化、外からの影響に一喜一憂しなければならない、不安な生活と別れる安らぎを得るのです。

㈣　あさきゆめみしゑひもせす

浅き夢みし酔もせず………寂滅為楽

無常の真理を悟ったことによって、日蔭の生活をしてきた娑婆生活、人間でありながら畜生のごとき心をもった誤りも、この如来の大悲に目ざめ、深い己れの罪の自覚によって懺悔生活が生まれたときは、この世に生を受けた者として、財宝や、富、栄誉に勝るところの真実を知り、無上の幸せ者となる。

今日、すべてが悲しいという意味で、諦観という言葉を使いますが、それは誤りで、諦観とは最も正しく真実を悟るという意味なのです。

今までの多くの仏教者の誤りは、無常の意を人命と人の富、地位権力のみに用いるばかりでなく、人の生命は医師以外の力ではどうにもならないものであるとして、仏教による即身成仏の大乗教さえ、一切の価値を科学に譲ってしまったことにあります。

したがって、仏教とは名ばかりで、もっぱら死を考えるばかりで、正しい者も悪に勝てず、ひいては多数の力による人間社会は、社会主義化するものであるとの解釈にならざるを得ないことになり、社会福祉が将来に通じる理想であるかのごとく考えるに至るのではないでしょうか。

私たち密教の法徳を信じるものが、改善しなければならないことは、金と物の政治ではなく、今こそ精神教育の重大さを反省して、真の教育改革が必要であると痛感することです。

社会福祉の施設も必要であるが、真の福祉とは家庭内の互いの精神から生まれるべきものです。

自分自身の悪業とまで云わずとも、なすべき努力をせず、精進もなく、正義感もなく、ただ本能のままに生きて、逆に身内の者にさえ、老いてからは実の子供たちからも見捨てられるのを、いちいち国が救済するのを義務とするごときは、大慈大悲とはいえません。

仏の慈悲は決して甘い教えなのではなく、因果応報という厳然たる法則を正視して、いかに如来の絶対の大悲と申しても、血の汗を流して懺悔して報いるべきことなのです。

したがって教育とは、たんに知識を得るのみではなく、悔いなき労働、悔いなき天職を感謝の心をもってする、満足した仏作業であるという自責を教えるのでなくてはならないと思います。

司法関係の警察、検察、裁判、弁護士、監獄、病院、少年鑑別所等が満員、あるいは、養老院、養護施設で、病人や老人や孤児が、満員であったなら、これを理想社会というのでしょうか。

政治の目的とするのが、このような人生をつくることであり、そのための教育なのでしょうか。

今日のいろは歌の裏返しとして、密教的な解釈をしてみましたが、人生のあり方、予防施設は、病気の予防のみでなく、人生の不幸者、落伍者の出ることを予防することが、密教の志向する仏界であり、曼荼羅精神なのであります。

特に胎蔵界の意味するものは、この精神に

立って精進してもなお、起こりがちのことであり、そしてそのために必要な最低限度の準備に対する施法に立つのが諸仏諸尊の誓願となっておるのです。

諸尊の誓願の働きがあっても、最高の目的目標たる理想は、如来身にほかならないことを忘れてはなりません。

無常なるがゆえに、我に執着せず施し、戒め、忍耐、精進、静慮、仏智を求めねばならないのであります。

ようするに教育とは宗教と別なものではないのであり、密教を深く知ることによって、人類の至上の理想と責任を感じることは、諸仏の誓願と同じことなのです。

顕教では教育と宗教の分離点は明白です。それは顕教が死の問題のみを対象とすることを仏教としているからです。

密教は、死よりも生きることの難かしさを悟って、この生きることこそ、死を解決する大道とするのです。

密厳浄土という密教の浄土観は、ここに眼目があるのです。

悟りなき社会改革を努力するのは危険ですが、仏教による大円鏡智、平等性智、妙観察智があってこそ、社会の諸々の難問は切り開かれます。こうして理想目的が成就されることになるのです。

「いろは歌」は、このような積極的な展開を示しているわけです。

織田隆弘略歴

大正３年２月７日　弘前市に生る
昭和９年　高野山に入道
昭和13年　高野山大学選科修了
昭和14年　大覚寺事相研究生
昭和15年　虚空蔵求聞持法百日成満
昭和16年　東京真成院住職
昭和22年　高野山青森別院創建
昭和47年　真成院復興、四谷霊廟完成
昭和49年　高野山学修灌頂入壇（大阿闍梨）
昭和50年　密門会創立
昭和59年　青森市に昭和大仏建立（青龍寺創建）
平成３年　高野山真言宗大僧正に任ぜられる
平成４年　青龍寺金堂建立
平成５年　12月31日遷化

（主な著書）
難病を救う真言密教（S48）
密教祈祷の秘密（S51）
親鸞と密教の核心（S53）
これが密教だ（S55）
仏教墓相読本（S58）
加持の説法（H17）
観音開運法（H18）

これが密教だ

著　者　織田隆弘
発　行　初　版　昭和55年２月
　　　　改訂初版　平成31年２月18日

発行者　織田隆深
発行所　密門会出版部
〒160-0011 東京都新宿区若葉2-7-8 真成院内
電話（03）3351-7281
振替　00190－３－11998
印刷所　モリモト印刷株式会社

乱丁・落丁本はお取替え致します。ISBN978-4-905757-16-0
定価は定価カードに、本体価はカバーに表示してあります。

密教とは加持である

加持の力

織田隆弘著

〈本当に信心成就した人は、自分で現世利益を求めなくとも仏によって現世利益は必ず与えられるのです〉昭和50年、高野山蓮華定院で行なわれた講習会の法話を収録。「加持の法話」11編を増補。

Ｂ６判／二二八頁　**本体／一、四〇〇円**

真言易行動の全体像

加持を語る

織田隆弘著

未完の自伝・講話・英訳用草稿・座談会での質疑応答など、さまざまな形で語られる密教の根幹「加持」。既刊書からの抜粋コラムも添え、隆弘師の人となり、その教えを知るための恰好の一冊となっている。

四六判／三三四頁　**本体／二、三〇〇円**

密教とは加持である

私の信じる真言の教え

織田隆弘著

正統密教の堂々たる智見により、信仰生活、密教の教理、英霊供養、教育問題そして懺悔の大事から破邪顕正までが真摯に説かれる。啓蒙の仏心のにじむ全三章。

新書判／二五三頁　**本体／一、〇〇〇円**